新零售时代京郊蜂产品营销模式及策略的创新研究

薛晓燕　著

中国财富出版社有限公司

图书在版编目（CIP）数据

新零售时代京郊蜂产品营销模式及策略的创新研究／薛晓燕著. --北京：
中国财富出版社有限公司，2024.9. --ISBN 978-7-5047-8229-8

Ⅰ. F724.782

中国国家版本馆 CIP 数据核字第 2024SU8483 号

策划编辑	谷秀莉	责任编辑	王才识 马欣岳	版权编辑	武 玥
责任印制	梁 凡	责任校对	卓闪闪	责任发行	于 宁

出版发行	中国财富出版社有限公司		
社　　址	北京市丰台区南四环西路 188 号 5 区 20 楼	邮政编码	100070
电　　话	010－52227588 转 2098（发行部）	010－52227588 转 321（总编室）	
	010－52227566（24 小时读者服务）	010－52227588 转 305（质检部）	
网　　址	http://www.cfpress.com.cn	排　　版	宝蕾元
经　　销	新华书店	印　　刷	北京九州迅驰传媒文化有限公司
书　　号	ISBN 978-7-5047-8229-8/F · 3739		
开　　本	710mm×1000mm　1/16	版　　次	2024 年 11 月第 1 版
印　　张	12.25	印　　次	2024 年 11 月第 1 次印刷
字　　数	213 千字	定　　价	58.00 元

　　本书系北京市教育委员会社科计划一般项目"新零售时代京郊蜂产品营销模式及策略研究"（SM202112448001）研究成果。

前　言

2016 年 11 月，国务院办公厅印发《关于推动实体零售创新转型的意见》，明确指出要推动我国实体零售创新转型。2018 年，我国实施蜂业质量提升行动，深入推进农业供给侧结构性改革。

基于此背景，北京农业职业学院薛晓燕副教授于 2020 年拟定了研究框架并申报了北京市教育委员会社科计划一般项目，该项目于 2021 年立项，本书正是该项目研究成果之一。

本书基于对北京市主要蜂产品企业的调研，在总结大量国内外蜂产品营销先进经验的基础上，分析了京郊蜂产品市场发展的优势、劣势、机遇和威胁。此外，运用相关理论研究分析京郊蜂产品市场现状，探讨京郊蜂产品线上线下深度融合的零售新模式，提出基于"人、货、场"视角的京郊蜂产品营销策略，以期助力蜂产品附加价值的提高、消费者消费体验的提升，逐步实现新零售时代京郊蜂产品的新制造、新体验、新营销等，促进京郊蜂产品市场拓展和品牌升级。

希望本书的出版能够为京郊蜂产品的营销实践提供参考和借鉴，为新零售时代其他农产品的营销提供思路和启示，同时吸引更多的人关注和思考京郊蜂产品乃至整个农产品行业的创新发展。

在此，要感谢参与本课题研究的所有团队成员及所有提供帮助与支持的朋友。

由于蜂产品行业的新零售理论探索刚刚兴起，加之作者水平有限，时间仓促，书中不妥和错误之处在所难免，衷心希望广大读者朋友提出宝贵意见，以不断加深对这一领域的认识和研究。

目　录

1 绪论

1.1 研究背景

1.1.1 新零售时代已来临

不同关键技术的诞生，催生了相应的零售业态。技术引领生产变革，生产变革引导消费方式变革。例如，随着机械化大生产，大城市、大批发商出现，百货商场这种零售业态随之诞生；随着经济危机席卷全球，加之汽车工业迅速发展，超级市场这种零售业态诞生；随着计算机、物流等技术的出现，便利店、品类专业店、购物中心等多种细分零售业态诞生；随着移动互联网技术的普及，电子商务进入人们的日常生活。

电子商务以运营成本低、用户范围广、无时空限制等传统零售业无可比拟的优势迅猛发展，网上零售总额逐年增加，所占社会消费品零售总额的比例也逐年增加，我国已成为全球最大的网络零售市场。

随着人们消费观念的转变，线上购物越来越深入人们的日常生活，传统零售业受到电商的冲击，每况愈下，甚至出现了"闭店潮"。

就在传统零售业面临生存困境的时候，电商也在发展过程中面临着增长瓶颈：网上零售总额占社会消费品零售总额的比例降低，线上购物体验不及线下，互联网大范围普及所带来的用户增长以及流量红利逐渐缩减，电商平台获客成本逐渐增加等。

基于线上线下发展遇到的困境，新零售应运而生。相比电子商务的概念，新零售把线下与线上融合得更加紧密了。

2016 年 11 月，国务院办公厅印发《关于推动实体零售创新转型的意见》，明确指出要推动我国实体零售创新转型，我国由此正式进入新零售时代。

新零售，即以互联网为依托，通过运用大数据、人工智能等先进技术手段，升级改造商品的生产、流通与销售过程，重塑零售业态结构与生态圈，回归零售本质，更好地满足消费者购物、娱乐、社交等多维需求，重构以用户综合体验为中心的"人、货、场"，实现"线上服务+线下体验+现代物流"深度融合的零售新模式。

与以往的零售变革一样，新零售也是伴随先进技术手段而出现的，但新零售变革区别于以往任何一次零售变革。新零售将数据与商业逻辑深度结合，真正实现了消费方式逆向牵引生产的变革。新零售是我国零售业大发展的新契机，将为传统零售业态插上数据的翅膀，优化资产配置，孵化新型零售物种，重塑价值链，创造高效企业，引领消费升级，催生新型服务商并形成零售新生态。

1.1.2 国家成立优质蜂产品科技创新联盟并启动蜂业提质工程

2018年5月9日，由中国农业科学院蜜蜂研究所牵头成立的国家优质蜂产品科技创新联盟成立大会暨蜂业提质工程项目启动会在北京召开。

国家优质蜂产品科技创新联盟的成立，进一步提升了蜂产品科技协同创新能力，促进了蜂产品加工业转型升级，在提升我国蜂产品质量安全水平和蜂产品附加值、加快科技成果转移转化、促进我国农业供给侧改革方面发挥了重大作用。该联盟具体有以下5项核心任务：开展蜜蜂健康养殖技术研究与推广、蜂产品质量安全检测研究与推广、优质蜂产品基地建设与示范推广、蜂产品营养功能评价与应用、蜂产品质量安全信息网建设。国家优质蜂产品科技创新联盟聚集优势资源和力量，"产学研政银"五位一体，强强联合，在技术和模式创新、机制创新和自我发展上寻求突破，努力构建国家统一的蜂产品标准、品质和品牌，促进蜂产品提质增效与产业升级，引领蜂业健康发展。

2018年，我国实施了蜂业提质工程，其目的是进一步提升蜂产品科技协同创新能力，促进蜂产品加工业转型升级，提高我国蜂产品质量安全水平和蜂产品的附加值，促使蜂业在我国农业供给侧改革中发挥重大作用。

实施蜂业提质工程，是上级部门从农业发展全局出发，在充分肯定蜂业的经济、社会和生态效益地位和作用基础上，结合新时代、新形势对蜂业提出的新要求做出的重要部署，是做好当前产业发展大计、深入推进农业供给侧结构性改革的重要抓手。实施蜂业提质工程，是顺应科技引领产业转型升级要求的重大措施，是实现农业绿色发展的重大标志，是利国利民的大好事。

1.1.3 大力发展蜂产业是北京市大力推进生态涵养区生态保护和绿色发展的破解路径之一

目前，北京市大力推进生态涵养区生态保护和绿色发展，但生态涵养区面临内生动力不足、生态资源价值实现不畅、共同富裕基础不强等困境。蜂产业具有既不与种植业争地、争肥、争水，也不与养殖业争饲料或增加环境成本的特点，还具有投资少、见效快、无污染、回报率高的特点，而且北京山区具备适宜蜂产业发展的自然条件和基础，由此可见，大力发展蜂产业是北京市大力推进生态涵养区生态保护和绿色发展的破解路径之一。

进入新的发展阶段，要想最大限度地利用生态发展空间，将蜂产业做强做大并实现迭代升级，需要补短板、强弱项，在政策等措施上持续发力。

目前，北京蜂产业发展面临的主要问题如下：优良种质资源缺乏，种蜂"育繁推"体系尚不健全；饲养规模过小，现代化水平低，效益不理想；产业结构单一，产业链条延伸不够；重生产轻销售，新产品开发滞后，品牌示范效应差；专业技术人员紧缺，科技对产业的支撑力度不够等。

据了解，北京市只有约 1/3 的蜂产品通过自主品牌加工销售，约 2/3 的蜂产品以为其他大公司提供原料的形式销售，即使是加工的产品，也以原料型产品或简单加工的初级产品为主，多属于"大路货"。受加工技术整体水平落后和加工能力偏低的影响，附加值较高的蜂王浆、蜂花粉、蜂胶等高端产品较少；产业研发力量相对不足，蜂产品营养因子及其功能开发利用滞后。此外，企业轻视标准化生产，致使整体品牌建设受到影响，虽有个别地区性品牌崛起，但覆盖范围小，知名度也不高。

本书基于以上背景，调研分析京郊蜂产品的营销发展现状、存在的问题、面临的机遇与挑战，并提出相应的对策建议。

1.2 研究面临的问题与研究意义

1.2.1 研究面临的问题

我国有着悠久的养蜂历史，是养蜂大国、蜂产品产量大国和蜂产品出口大国，却不是蜂产品效益强国。《2023—2029 年中国蜂蜜行业市场竞争状况及发展趋向分析报告》指出，我国蜂蜜行业企业数量多、规模小、技术水平不高、市场集中度低、品牌影响力差。出口产品以原蜜为主，内销产品以蜂蜜初加工品为主，技术含量较低。长期以来，我国蜂产品市场存在供需不平衡问题，我国人均蜂蜜消费量远低于国际平均水平。据统计，2022 年我国蜂蜜产量为 46.19 万吨，同比下降 2.28%；2022 年我国蜂蜜需求量为 30.97 万吨，同比下降 6.6%。

蜂产品作为一种纯天然、绿色无公害、安全、可靠的产品，却未进入消费者主流消费需求清单，既不是日常消费品，也不是保健品中的首选产品，更不是礼品中的必选产品。这与营销理念落后、同质化严重、营销模式创新不足等有关。

随着新零售时代的到来，新零售理念正逐渐引导传统的线下零售商和线上的纯电商企业走向转变。在转变过程中，企业营销策略和营销模式的创新起着重要的作用。

基于大数据，重构以消费者综合体验为中心的"人、货、场"，打造线上互动引流与线下体验服务相融合的消费场景，是蜂产品营销的突破口。

蜂产品的新零售营销创新可以提高消费者对蜜蜂文化、蜂蜜科学知识的认知，提升消费者对各种蜂产品的消费体验，加强与消费者需求的对接，为消费者提供个性化、定制化蜂产品等，从而增加消费者对蜂产品的理解和信任，减小蜂产品价值与消费者需求的差异，不断培养消费者购买蜂产品的消费习惯，使蜂产品进入消费者主流消费需求清单，通过营销模式变革突破目前发展瓶颈，通过营销策略创新实现蜂产品价值的最大化。

1.2.2 研究意义

随着人民对美好生活需要的日益增长，蜂产业的市场需求和发展潜力巨大。《2023—2029 年中国蜂蜜行业市场竞争状况及发展趋向分析报告》指出，随着居民收入不断增长，我国居民生活质量不断提高，人们越来越关注健康，保健品的支出占总收入的比例逐年提升。对于蜂蜜这种天然的保健品，人们的热情更是逐年递增，这将极大地促进我国蜂产业发展。

同时，伴随着生态文明建设的深入推进，养蜂业对生态系统的作用与价值也日益凸显。蜜蜂是一种关乎人类与生态系统健康的昆虫，不但在自然环境中扮演着传粉者的角色，有助于保护和恢复生物多样性，维持生态平衡，而且在农业生态系统中可以提高作物产量和质量，满足人们日益增长的粮食需求。养蜂是一项创收活动。

大力发展蜂产业，符合生态涵养区的功能定位，符合乡村振兴产业融合发展的基本方向，符合城乡居民改善健康、预防疾病、提高生活品质的现实需求。蜂产业是助力乡村振兴、促进农业增产、推进健康中国建设的重要产业，具有重要的生态效益、经济效益和社会效益，在农业发展中占据着重要的地位。

以往的学者对蜂产品营销的研究多基于传统营销、网络营销展开，关于营销创新的研究相对较少。本书基于新零售时代重构"人、货、场"的视角，分析研究新零售时代京郊蜂产品的营销模式和策略，充实了现有的理论基础，具有一定的学术价值和理论意义。

本书的研究成果，对于蜂产品从业人员摒弃现有思维模式，以新零售为契机，高起点、高标准规划新零售时代的蜂产品营销策略和模式，提高蜂产品在食品市场和保健品市场的销售份额，具有一定的应用价值和实践意义。

1.3 研究综述

1.3.1 国外研究综述

1.3.1.1 关于营销学的形成研究

营销学作为一门独立的学科，诞生于20世纪初的美国。市场规模迅速扩大、生产能力不断增强、供求形势急剧变化、中间商地位有所提高、传统理论面临挑战等因素，促使营销思想破茧而出并进一步理论化、体系化。由于时代的变迁和营销实践的需要，20世纪初营销学这门学科在美国应运而生。1900—1910年出现了"营销"这个专业术语。1902年，美国密歇根大学、加州大学、伊利诺伊大学先后开设与营销有关的课程。最早的与营销有关的文献是1901年约翰·富兰克林·克罗威尔所写的《产业委员会农产品分销报告》，其是早期营销课程教材。韦尔德于1916年出版了《农产品市场营销》一书。

到了20世纪二三十年代，美国的工农业产品产量迅速增加，新产品在零售市场上不断涌现，农业生产合作社蓬勃发展，人们更加重视批发商在产品分销中的地位和作用。营销调研水平的提高，预示着营销新纪元的开始。由于人口从农场移入城市，城市开始膨胀，百货商店迅速发展，零售连锁店通过合并规模变大，消费者组织开始建立并对忽视消费者利益的现象提出批评。学术界开始转向探索营销学科的专门化问题，类似营销基础或营销原理的论著陆续问世，在此期间，营销理论得到了充实和多样化发展，营销学科体系、课程体系等逐步走向成熟，营销原理开始出现并得以发展。

20世纪三四十年代，营销理论发展进入黄金时代，整合、统一古典营销学理论的任务完成，学者们开始对已有的体系进行修正与补充，在产品营销研究、理论体系简化、研究方法上有了新突破、新成果等。

1.3.1.2 关于营销模式和策略方面的研究

1956年，温德尔·史密斯首次提出"市场细分"。此后，美国营销学家菲利浦·科特勒进一步完善和发展了温德尔·史密斯的理论并最终形成了成熟的STP理论——市场细分、目标市场和市场定位。STP理论是营销战略的核心内容。

20世纪60年代是市场营销学的兴旺发达时期，突出表现是市场态势和企业经营观念的变化，即市场态势完成了卖方市场向买方市场的转变，企业经营观念实现了由传统经营观念向新型经营观念的转变。与此相适应，营销手段也多种多样，且十分复杂。

1960年，著名的营销学大师、美国密西根大学教授杰罗姆·麦卡锡，在其著作中第一次提出著名的"4P"[①]营销策略组合经典理论，"4P"理论的提出，对现代市场营销理论产生了划时代意义的变革影响，从此营销管理成了公司管理的一部分，涉及远比销售更广的领域，"4P"是营销管理理论的基石。

1967年，文德曼首先提出"直复营销"的概念。他认为人类社会最开始的交易是直接的，那种古典的一对一的销售（服务）方式是最符合并能最大限度满足人们需要的方式，而工业革命所带来的大量生产和大量营销是不符合人性的、是不道德的。

---

① 4P 即产品（Product）、价格（Price）、渠道（Place）、促销（Promotion），"4P"是营销策略组合通俗、经典的简称，在市场营销理论中具有重要地位。

1984 年，菲利浦·科特勒提出了大市场营销理论，即"6P"理论。由于国际市场及国内市场出现贸易保护主义抬头、封闭市场的状况，他在营销学"4P"理论基础上加上了 2 个"P"，即政治权力（Political Power）及公共关系（Public Relationship），组成"6P"。这就是说，要运用政治力量和公共关系，打破国际或国内市场上的贸易壁垒，为企业营销开辟道路。他认为，企业能够影响自己所处的营销环境，而不应单纯地顺从和适应环境。

同年 6 月，菲利普·科特勒在演讲中又提出"10P"理论。他指出，战略营销计划必须优先于战术营销组合（"4P"组合）的制定，而战略营销计划也可以用"4P"来表示，分别是探查（Probing）、分割（Partitioning）、优先（Prioritizing）和定位（Positioning）。菲利普·科特勒认为，只有在做好战略营销计划的基础上，战术营销组合的制定才能顺利进行。因此，企业必须先做好探查、分割、优先和定位战略营销计划，并精通产品、渠道、价格和促销战术营销组合。此外，企业还要有善于运用公共关系和政治力量 2 种营销技巧的能力。这样，一个包含"10P"要素的全面营销战略分析框架就清晰可见了。

同时，科特勒重申营销活动中"人（People）"的重要作用，认为这或许是所有"P"中最基本和最重要的一个，由此组成我们所说的"11P"组合。

随着服务业的迅速发展，服务营销日益受到重视，产品营销组合的要素构成并不完全适用于服务营销。因此，"7P"理论伴随着服务营销的发展被提出来。1981 年，布姆斯和比特纳在原来"4P"的基础上增加了 3 个服务性的"P"，即参与者（Participants，有的学者也称之为 People，即作为服务提供者的员工和参与到服务过程中的顾客）、物质环境（Physical evidence，服务组织的环境、所有用于服务生产过程及顾客沟通过程的有形物质）、过程（Process，构成服务生产的程序、机制、活动流程，以及与顾客的相互作用、接触沟通），从而形成了服务营销的"7P"理论。

1985 年，巴巴拉·本德·杰克逊发展了"关系营销"，"关系营销"将使公司获得更多营销成果。

1990 年，美国学者罗伯特·劳特朋提出了与传统营销"4P"理论相对应的"4C"营销理论，即 Consumer（顾客）、Cost（成本）、Convenience（便利）和 Communication（沟通）。

还有学者提出了"4V"营销组合理论，即产品的功能化（Versatility）、附加价值（Value）、差异化（Variation）、共鸣（Vibration）。

关于"4R"营销组合理论的表述，目前有 2 种说法，一种说法认为该理论由美国整合营销理论创始人唐·舒尔茨于 19 世纪 90 年代提出，另一种说法认为该理论由美国学者艾略特·艾登伯格于 2001 年在《4R 营销》一书中提出。唐·舒尔兹认为，处理好顾客与企业的双赢关系才是营销的最高境界，因此，他将关系营销简单地概括为"4R"，即关联（Relevancy）、反应（Reaction）、关系（Relationship）、回报（Reward）。唐·舒尔茨指出，企业与顾客是一个命运共同体，在经济利益上二者是相关的、联系在一起的，建立、保持并发展与顾客的长期关系是企业经营的核心理念。《4R 营销》的作者艾登伯格指出，随着互联网泡沫的破灭，美国经济由"新经济"时代进入"后经济"时代，这一时期，消费者将从需求层次走向欲望层次，市场营销成败的关键是能否弄清"消费者为何购买"或"如何愉悦消费者"，而不是"如何实现产品与服务的价值"，因而他提出"4R"组合理论，即关系（Relationship）、节省（Retrenchment）、关联（Relevancy）和报酬（Reward）。

企业营销环境的变化，促使营销组合进一步发展、演变。科特勒指出，在互联互通时代，营销组合更加需要用户的参与。"4P"元素的营销组合如今应该被重新定义为"4C"元素的营销组合，即共同创造（Co-creation）、物有所值（Currency）、相互激活（Communal activation）、对话沟通（Conversation）。

互联网经济的出现，使全球经济运行在一个新的平台上，更是引发了营销领域有史以来最大的创新：网络营销（Internet Marketing）。网络营销是企业整体营销战略的组成部分，是为实现企业总体经营目标所进行的、以互联网为基本手段营造网上经营环境的各种活动。网络营销的职能包括网站推广、网络品牌、信息发布、在线调研、顾客关系、顾客服务、销售渠道、销售促进 8 个方面。如何利用无线技术、电子商务平台和个人终端与营销有效结合，已经成为营销领域的新焦点。

1.3.1.3　关于新零售的研究

国外没有与"新零售"直接对应的学术名词，但有关新零售的理论研究起步较早。新零售理论的内核可追溯至 1958 年的"零售之轮"理论，后面历经多个零售理论的阶段性发展才得以形成。

1958 年，哈佛商学院的麦克内尔提出了低价新零售业态的循环圈的说法，解释了新型零售业态更迭的价格作用机制。

1966 年，丹麦的尼尔森提出了"真空地带"理论，在原有价格作用机制基础上融入了消费者偏好，进一步完善了零售理论。

1996 年，日本学者中西正雄提出的"新零售之轮"理论，从技术革新角度阐述了零售业态更迭。在零售行业的最初阶段实行低成本战略，追求的更多的是低成本、低价格、低利润。在进入市场并占有一定份额之后，就会转变战略类型，这时实行的更多的是差异化战略，追求的更多的是高成本、高价格、高利润。正是在时代的不断变迁中，以及技术、管理模式、消费者生活方式的不断变化中，新零售业态的变革产生，推动企业经济更好发展。

2010 年，美国 TrialPay 创始人兼首席执行官亚历克斯·兰佩尔首次提出"O2O"一词。他认为，"O2O"是在网上寻找消费者，然后把他们带到真正的商店，"O2O"是支付模式和为店主创造客户流量的结合。2010 年前后，几家美国本土寿险 O2O 公司的快速发展似乎证实了"O2O"是一个很好的模式。然而，这些企业的后续发展并非一帆风顺。

虽然美国人提出了"O2O"，但在商业实践中，美国实体企业更多地实行全渠道营销。美国全渠道的主导者是实体零售商，从零售商自身的需求和营销角度出发；中国 O2O 的主导者是大型电商公司，是从电商公司的需求和营销角度出发。

2011 年，电子商务领域出现了"O2O"零售概念，具体包括线上指向线下的零售融合、线下指向线上的零售融合两种模式，并形成了线上线下渠道并轨的新型零售业态。对于传统零售实体企业来说，其发展受限，越来越多的消费者从线下走到线上，获客成本不断提高，只有创新发展渠道，走到线上，才能帮助企业更好地发展。企业为了生存，寻求全渠道模式，将实体店的客户真实体验感与线上网络平台的便捷、物品内容的丰富融合起来，使客户有更好的购买体验，大大降低获客成本。

2012 年 1 月，贝恩管理咨询公司全球创新和零售业务领导人达雷尔·里格比在《哈佛商业评论》中提出了"全渠道零售"（Omni-Channel Retailing）的概念，在互联网和电子商务急速发展的当今时代，零售商能通过各种渠道与顾客互动。传统商家除非采用全新视角，把各种迥然不同的渠道整合成

"全渠道"，为顾客带来一体化无缝式体验，否则就很可能被时代淘汰。未来购物将从以零售商为中心的单渠道（Single Channel）、跨渠道（Cross Channel）、多渠道（Multi Channel），向以消费者为中心的全渠道（Omni-Channel）进化，满足消费者随时随地、全面覆盖的购物需求。要判断现在是否是电子商务的最好或最坏时代为时尚早，当前电子商务的发展还远未成熟，其市场空间巨大。

1.3.1.4 关于蜂产品营销的研究

Wilson 和 Tallonitire 提出，生产技术、市场疲软和价值链开发的缺失，很大程度上导致了蜂产品的贡献远远低于其潜力。

Gamze Saner 等提出，土耳其是世界第四大蜂蜜生产国，仅次于中国、美国和阿根廷，市场份额约为 5.35%。土耳其养蜂业面临的重要问题之一是市场营销。土耳其动物产品的市场结构有一个混乱的链条，这导致生产端和消费端存在巨大的价格差异。养蜂人在土耳其销售蜂蜜有几种选择：在当地市场或路边摊直接卖给消费者、蜂蜜合作社、批发商、蜂蜜包装商或经销商、出口市场。有鉴于此，他们建议增强合作社等的作用。

Demissie Chanie 等指出，缺少道路、缺少测量蜂蜜质量的方法、蜂蜜颜色的变化是埃塞俄比亚蜂蜜营销的三大制约因素。蜂群营销面临的主要挑战则是缺乏有组织的营销场所。失业青年人数的增加、蜂蜜和蜂群价格的上涨，以及该地区对蜂蜜和蜂群的高需求，是该地区从事养蜂业的三大机遇。为了减轻蜂产品和蜂群营销压力，政府应该为农民提供重要的投入，并为农民创造合适的环境。

Tadesse Benyam 指出，影响蜂蜜生产的主要因素包括缺乏现代技术（92.5%）、害虫和捕食者（46.8%）、缺乏信贷渠道（28.3%）、推广服务差（57.4%）、缺乏养蜂设备（45.2%）和蜂群死亡（38.05）等。同时，市场联系差（84.1%）、缺乏市场信息（66.2%）、基础设施差（61.5%）、产品价格低（60.7%）、农民议价能力弱（37.5%）、距离市场较远（88.4%）、包装和储存材料短缺（57.6%）、存在非法贸易商（53.5%）和缺乏品牌（60.3%）是影响研究区蜂蜜营销的因素。可变成本、受访者年龄、婚姻状况、经验和拥有的蜂箱数量，影响蜂蜜生产水平。政策应侧重于获得现代养蜂技术，为生产者提供能力培养、合作社组织、信贷提供等服务，促进私营部门参与，在蜂蜜生产者、研究人员和私营部门之间建立起联系。

Amuko Walter 等指出，产品质量、交易者偏好是影响蜂蜜生产者创业导向的主要市场信息因素。市场信息的可信度、及时性、准确性和易用性影响创业导向。蜂蜜生产者可以在发展计划和政策中优先考虑更好地获得定期、可靠和可用的市场信息，以增强农民的创业导向和产品开发积极性。

Dirriba Mengistu 指出，埃塞俄比亚在蜂蜜生产方面领先非洲其他国家。生产商以现有的市场价格向市场出售蜂蜜，纯蜂蜜和蜂蜡的销售额约占净利润的 35%，但养蜂人由于缺乏应变能力损失了这笔钱。市场中存在多个参与者，这就造成了恶性竞争。政府应启动蜂蜜供应机制，并在蜂蜜质量管理体系中建立问责机制。

1.3.2 国内研究综述

1.3.2.1 关于营销理论的相关研究

作为一门系统、完整的学问，市场营销发轫于美国。但是，中华优秀传统文化中也大量存在营销文化。著名管理学家彼得·德鲁克指出，营销作为自觉的实践并不是起源于西方，而是起源于日本东京的三井百货。我国学者郭国庆认为，按照德鲁克的判断标准，无论是营销实践本身还是用于指导实践的营销理念，在我国的出现都早于日本。我国许多古代典籍中就有比三井百货更早的营销实践记载和论述，但当时的营销思想处于萌芽阶段，并没有被人们普遍重视。

在我国，早在 20 世纪初期就有"市场营销学"译本，但直至改革开放后，随着我国同西方发达国家经济贸易往来的增多，市场营销学才真正开始传播和发展，进入 20 世纪 90 年代才被广泛接受。随着我国社会主义市场经济的建立，我国对营销的重视提升到一定高度。

1.3.2.2 关于蜂产品营销的研究

1994 年，姜黎光认为普及蜂医学应重视营销蜂产品，这段时间基本是关于蜂产品线下营销的研究，直到 2012 年，郭利军提出，蜂产品电商起步，蜂产品线上营销应有所作为。同家电、图书、化妆品和食品产业相比，蜂产品目前在电子商务方面，无论是厂家数量还是销售额都是比较少的，总体来看，蜂产品存在发展不快且不平衡的情况。从平台上看，蜂产品在大的电商平台B2B上进入的较少，多数是在专业平台以C2C方式经营，难以形成规模效应和品牌效应。蜂产品行业电商市场可以说还处于起步阶段，同时蜂产品又属于快销品，非常适合电子商务发展模式，而电子商务的主要客户群体也是蜂产品消费的薄弱人群。因此，只要企业重视，适当加大投入，制定适合本企业的发展规划，并在市场实践中不断完善和落实，蜂产品在电子商务方面的前景还是十分光明的。

所志国认为，蜂业的相关企业大多缺乏线上电商运营经验，如何通过互联网，利用平台技术性和服务性实现精准营销，是蜂业企业面临的最大挑战。

姚军指出，北京地区蜂产品企业也应强化现有渠道并重视新兴电子商务渠道，整合企业内部的营销管理资源，全面提升北京地区蜂产品企业营销管理水平，摆脱目前困境。

童越敏认为，随着蜂产品逐渐受到人们的重视，网络成了各个厂家蜂产品重要的销售途径，但由于蜂产品的特殊性，蜂产品网店发展出现了各种各样的问题。各厂家需要树立品牌，独具特色，还要提供售前、售中、售后一条龙服务。

徐丹丹和谢蓉蓉指出，在未来发展道路上，首先要摆脱市场营销一般性的弊病，在增强营销创新意识的同时要增强营销行动力，建立和完善市场营销运作体系。

周晶晶认为，蜂产品企业要想得到飞跃式的发展，就必须摒弃现有思维模式，在现有的网络营销模式基础上进行更深、更广的网络营销，从搭建网络营销平台、储备网络营销人才、开展网络环境下的推广和运营等几个方面去推进网络营销策略的实施。

肖山云和储伶丽认为，随着移动互联网时代的来临，基于秦岭原生态蜂产品的传统营销模式应积极变革，建立网络营销模式，实现线上线下营销推广同步进行，促使秦岭原生态蜂产品建立自主品牌，走向更广泛的市场。

姚刚提出，可以利用"微蜂来袭"系统模式，解决蜂产品行业资金少、营销难的问题。同时，由"微蜂来袭"到"微蜂商城"的全方位系统升级，可以为进一步搭建我国蜂行业的主流营销平台打下坚实的基础。姚刚提出以下营销策略：坚持分享经济原则，大幅提升公信力；以内容为王，运用综合推广方式，产生叠加效应；建设蜂业信息共享的垂直社群；广泛开设蜂业绿色大课堂；眼见为实，蜂场直播；以品质为本，建设良心移动微商平台等营销策略。

李瑞珍、刘世丽、刘朋飞和方兵兵通过研究蜂产品营销现状，指出蜂产品市场整体结构不合理的问题较为严重，其主要原因是蜂产品的市场监管较弱，产品市场信息不对称。蜂产品市场的优化发展，需要加强蜂产品质量监管，依靠过硬的蜂产品质量和经得住考验的蜂产品品牌，推进各种渠道的创新和畅通，采取灵活多样的促销策略，建立消费者对于蜂产品的认知等。

徐国钧、李建琴和刘浩天研究发现，月收入、职业和网络环境是消费者网购蜂蜜意愿的主要影响因素，而性别、年龄、文化程度、蜂蜜网店认知及蜂蜜网络营销认可度，不是消费者网购蜂蜜意愿的主要影响因素。为了尽快提振消费者对蜂蜜行业的信心，他们提出有效打击蜂蜜掺假、取缔"假蜜合法化"，以及采取"精品"战略和"名牌"战略等切实可行的建议。

于敬元具体结合伊春市青山林场林区特色蜂产品的特点，提出以下建议：利用线上线下相结合的方式拓展林区特色蜂产品销售渠道，打造伊春特色蜂产品营销的微信公众号，采取个性化定制、体验式促销等营销新模式，更好地发挥伊春特色蜂产品的社会和经济价值。

陈彦霏针对如何开拓国内消费市场这一问题，提出蜂王浆经营企业必须利用丰富的产品形式和完善的营销战略深入开拓市场的思路。

戎一多指出，随着人们生活质量的提升和保健意识的增强，蜂蜜及其他蜂产品作为一种天然又兼具甜美味道的养生保健品受到大家的追捧。我国是一个养蜂大国，蜂蜜的产量、出口量和蜂群的数量均居世界前列，我国蜂产品行业无疑在这个时代拥有着广阔的市场和巨大的潜力。国家也明确指出企业要加强质量品牌建设，开展质量品牌的提升行动，打造一批有竞争力的知名品牌。然而，蜂蜜的品牌营销一直是行业难点。针对这个行业难点，学者进行了以下分析：第一，养殖人和蜜源种类多且分散，导致蜂蜜的产量和品质难以标准化；第二，蜂蜜不经过加工也可以直接销售，产品科技含量不高，导致难以控制和形成一个稳定的品牌；第三，蜂蜜消费者难以辨别市面上各种蜂蜜品质，大量假蜂蜜进入市场，从而导致广大消费者对蜂蜜行业失去信任；第四，很多蜂产品生产企业难以突破区域发展的限制，"小富即安"思想严重；第五，蜂产品行业也面临信息时代的迅速变革和人们生活方式的巨大转变，作为一个传统农产品行业和保健品行业，仍需不断变革发展、谋求创新，以适应风云变幻的市场。

舒适提出，蜂产品主要的市场份额依然由一些老牌的知名蜂产品企业占领，很多中小型蜂产品企业要想从庞大的市场中分一杯羹，不得不加强营销策略。但受到多方因素的影响，很多企业并不重视产品营销，从而导致企业生产的产品在市面上知名度不够高，影响了企业销售额的提升。

胡利琛和周丽霞指出，在互联网快速发展时代，蜂产品营销也应跟上步伐，可以采取以下措施：定期对蜂产品营销人员进行培训，加强其对网络营销方面知识的掌握；农户可以借助微信公众号、QQ、微博等网络平台对产品进行宣传，扩大产品影响力，同时借助微信店铺、淘宝网站等进行网络销售；开发一个专属蜂蜜营销的 App，集合全国蜂蜜生产销售资源，做到资源整合和信息共享。政府应加大扶持力度，帮助蜂农建立特色品牌、注册商标等，通过包装宣传，扩大影响力，促进蜂产品销售模式的转变。

张云指出，与其他产品不同，蜂产品因其同质化、低利润率、可替代性强等原因，在电商领域发展举步维艰。蜂蜜品牌如何突破发展瓶颈，走出同质化商品的生存和发展困境，是行业内各企业高度关注的话题。随着国内人均收入和生活水平的提高，消费者健康养生意识逐渐增强，对蜂蜜品质的要求越来越高。国内蜂蜜品牌众多，但质量参差不齐，掺假伪造蜂蜜事件不断，导致消费者不信任国产蜂蜜。而在进口蜂蜜中，除了新西兰品牌"康维他"独领风骚，并无其他更有竞争力的品牌。针对这种情况，有学者提出营销策略的优化思路：调整品牌市场定位，加强品牌影响力；创新并丰富产品线，优化产品策略；改善推广渠道，实现线上线下一体化；拓展营销渠道，实行统一定价等。

马义平指出，伴随体验经济的到来，人们的消费需求逐渐从产品价格、产品质量、产品服务向产品体验过渡，体验营销应运而生。与此同时，互联网的兴起与发展极大地改变了人们的生活，网络销售市场的地位也随着互联网的发展越来越高，为体验营销创造了新的态势和机遇。因此，可以从感官体验策略、情感体验策略、行动体验策略、服务体验策略、网络体验策略以及线上线下融合体验策略六大方面，针对相关产品、养蜂基地、体验店等分别进行体验营销策略设计。

韦梦瑾依托乡村振兴战略，提出以下主张：应当进一步细化市场定位，构建多元化产品及价格体系，提升产品科技附加值，构建并完善网络渠道及区域代理渠道，创新促销形式，增强蜂蜜农产品的市场营销成效，引领整体蜂蜜农产品产业向更高质量发展。

1.3.2.3 关于新零售理念下农产品营销的相关研究

新零售理念并非空穴来风，实际上是传统零售在网络零售后的又一轮革新。2016 年 11 月，国务院办公厅印发《关于推动实体零售创新转型的意见》，明确推动我国实体零售创新转型，由此国内学者开始相关研究。新零售理念下农产品营销的相关研究如下。

时小依指出，新零售理念下，农产品营销应线上线下同步发展，深化融合，以消费者为中心，推行全方位服务式营销。

胡屿指出，新零售理念下，在选择营销策略时应注重营销互动性，合理开展多维营销，注重互联网营销等。

谢娟、张文燮和胡佳豪提出，传统零售理念下的农产品主要通过线下传统零售模式（具体包括直销模式、农贸市场模式、商超模式等）和线上新型电商交易模式（具体包括在农产品信息平台上发布农产品信息、利用第三方电商交易平台发布农产品供应信息、利用移动 App 应用开设手机微店等）进行营销，新零售理念下的农产品营销策略，应该是基于大数据分析的农产品营销、基于效率策略的农产品营销、基于社交平台的农产品营销、基于客户体验的农产品营销。

余云珠指出，新零售是流通行业的新一轮变革，给产品营销带来全新的变化。对特色农产品而言，新零售是推动其发展的一次机遇。从事特色农产品生产、销售的各经营主体，无论是农户、协会，还是特色农产品供应链各环节上的企业，都可根据自身的实际情况，搭上新零售的快车，创造更大的经济利益。抓住新零售的机遇，利用新零售为特色农产品的发展赋能，通过新技术的应用和渗透，可实现包括生产模式、消费场景、消费体验和传播手段在内的特色农产品营销体系的改革和创新，不断升级消费者体验，推动实现农业现代化。

方芳、汪飞燕和余丙炎提出，居民消费升级倒逼品牌、理念、信息技术三个方面的升级，必然会促进新零售理念与农产品营销融合。他们认为应构建线上线下融合的农产品新零售营销模式，包括供应链直采营销模式、新媒体内容营销模式、O2O 直采营销模式、线上众筹营销模式等。构建新零售理念下的农产品营销新模式，整合线上线下优势，重塑产业结构，焕新传统农业，是我国产业转型升级的必经之路。

谢怡凡、王怡淞和朱伟清指出，在我国消费升级的背景下，消费场景呈现碎片化特点，农产品零售只有从传统的规模供应模式转向碎片式的供应模式，才能适应新零售的发展趋势。他们在分析我国农产品市场的供需问题时，以福建百香果为案例，提出了"新零售"环境下农产品营销的发展趋势，并从智能追溯、社交体验和跨界融合等方面给出了解决对策。

许晴晴提出以下"新零售"背景下促进农产品发展的营销建议：建立区域性农产品电子商务协会，及时收集和反馈农产品供求信息，降低供需不平衡风险；提升农产品标准化水平，加强品牌建设，打造网络品牌；拓宽农产品网络营销渠道，提升市场占有率；采用"O2O+订单预售+基地直供"模式，提高资源利用率；招募社区合伙人，发展社区营销，使线上线下有效结合等。

薛晓燕提出，基于"人、货、场"视角，新零售背景下生鲜农产品电商的发展路径应该是以"人"为本，基于大数据，推动单纯的被动消费者转变为"消费者+合作生产者"；以"货"为根，基于品质和品牌，由单纯的农产品"卖家"向全方位消费体验式服务提供者转变；以"场"为基，基于内容，由线上、线下零售终端向泛零售、更加场景化的方向转变。

朱晶晶提出了新零售背景下农产品营销模式创新的对策建议：树立创新型的营销思维、实现线上线下全渠道营销、借助新媒体平台提升品牌影响力、强化供应链的优化整合、强化产业融合发展能力等。

田俊燕、王峥和王哲提出了基于数字经济背景探索构建农产品新零售营销模式的基本思路，重点围绕"流量""信息""跨界"等关键词推动农产品新零售营销模式创新。在此基础上，构建了"新零售+农产品+数字化营销"的创新型农产品新零售营销模式。该模式主要包含四大模块——线上服务模块、线下体验模块、社交互动共享模块和现代物流模块，将线下体验、线上营销、社交互动和现代物流融于一体，并结合新零售和数字化的优点实现数据一体化。为有效推动这种模式运行，他们又提出塑造农产品品质和品牌、增强营销服务可触及性、创新服务场景、改造提升冷链系统、积极构建营销生态系统等对策建议。

1.4 研究评述

综上所述，国内外营销理论经过多年的发展，理论体系日益完善，其中有 STP 模型，以及 4P、4C、4V、4R 营销组合等理论。这些理论不仅为企业在激烈的市场竞争中得以生存与发展提供了支持，也为企业营销实践提供了具体的方法。

但是，营销理论与蜂产品行业的具体营销实践结合得还不是很到位，表现是理论过于"单薄"，与实践结合过少，国内外关于蜂产品营销的系统性理论较少。

本书通过研究相关理论，并结合新零售的时代特征和京郊蜂产品的特点，力图将营销理论与京郊蜂产品营销实践紧密结合起来，以对蜂产品营销理论的发展有所贡献，为京郊蜂产品企业营销实践提供可借鉴之处。

1.5 研究思路与研究内容

1.5.1 研究思路

近年来，伴随生态文明建设的深入推进和人民对美好生活需要的不断增加，蜂产业发展潜力和市场需求巨大。北京市园林绿化局大力推进首都蜂产业转型升级，积极引导和加强蜂农专业合作组织一二三产业融合发展，推进合作社向品牌、流通、加工等多领域发展，成为蜂业生产"调结构、转方式"的有效主体。但《关于推动北京蜂产业发展的提案》显示，北京蜂产业发展存在重生产轻销售、新产品开发滞后、品牌示范效应低等问题。

针对此现状，本书的研究思路如下：

（1）深度调研京郊蜂产品营销现状。

（2）分析京郊蜂产品营销存在的问题。

（3）基于新零售时代的特征，提出京郊蜂产品的营销模式和策略，为京郊蜂产品相关从业人员提供可借鉴的依据。

1.5.2 研究内容

以京郊蜂农合作社为主要调研对象，通过文献查询、实地走访、电话调研、网络调研等方法，深度调研京郊蜂产品营销渠道、模式策略、顾客管理等现状。

基于新零售时代、国家蜂业提质工程、北京市大力发展蜂产业等背景，运用 SWOT 分析、"4P" 理论等方法，分析京郊蜂产品行业目前的优势、劣势、机会和威胁，并从产品、价格、渠道、促销等方面全面分析京郊蜂产品营销存在的问题。

基于新零售时代重构 "人、货、场" 视角，通过文献归纳等方法，分析研究新零售时代京郊蜂产品线上线下深度融合的营销新模式，重构以消费者综合体验为中心的 "人、货、场"，逐步实现新零售时代京郊蜂产品的新制造、新体验、新营销等。根据新零售时代京郊蜂产品营销模式，研究制定相应的营销策略。选取京郊典型蜂农专业合作社等，与之进行深度访谈，进行典型案例分析，验证营销策略的效果。

1.6 研究方法与技术路线

1.6.1 研究方法

1. 文献归纳法

通过图书馆、网上数据库等查阅学者关于京郊蜂产品营销和新零售时代营销特征的研究资料，为本书研究提供参考。

2. 网络调研法

利用百度指数、阿里指数、商务数据中心等工具，进行趋势研究及网络市场定位，并采用网络问卷调研方法，对新零售时代消费者对蜂产品的消费需求、场景体验等进行调研。

3. "4P" 理论

系统分析京郊蜂产品行业所采用的产品、价格、渠道、促销策略，找到京郊蜂产品行业营销策略上的不足。

4. SWOT 分析法

找出京郊蜂产品行业目前的优势、劣势、机会和威胁，帮助京郊合作社合理制定适合自己的营销策略，将威胁转化成机会。

5. 深度访谈法

选取京郊典型蜂农合作社进行深度访谈，分析典型案例，验证营销策略的实施效果。

1.6.2 技术路线

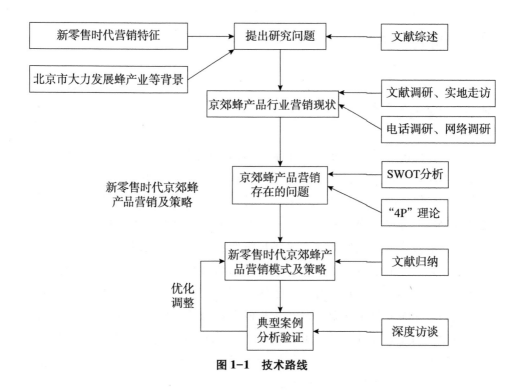

图 1-1 技术路线

1.7 创新点

本书基于新零售时代、国家蜂业提质工程、北京市大力发展蜂产业等背景，首次全面系统分析了京郊蜂产品行业营销现状，找出现行营销策略存在的问题及京郊蜂产业发展面临的瓶颈。运用新零售、营销等相关理论，基于"人、货、场"视角，分析研究新零售时代京郊蜂产品营销模式及策略，重构以消费者综合体验为中心的"人、货、场"，打造线上线下融合的消费场景，力图通过营销模式变革，突破目前发展瓶颈，通过营销创新，推动实现蜂产品价值最大化。

2　理论基础

2.1　营销学理论

营销学理论可以追溯到 18 世纪末 19 世纪初的美国。当时，美国出现了第一批大规模的工业制造企业，市场竞争激烈。在这一背景下，一位被誉为"现代营销学之父"的人物出现了，他就是美国商业大师菲利普·科特勒。科特勒是 20 世纪最有影响力的市场学家之一，他提出了著名的"4P"理论。他认为，企业应该通过产品的创新与改善来满足消费者的需求，通过合理的定价策略来吸引消费者，通过有效的渠道管理和促销活动来推广产品。这一理论成了后来营销学习的重要基础，对当代营销学理论和实践产生了深远的影响。

营销学是企业把市场营销活动作为研究对象的一门应用科学。市场营销是在特定的市场环境中，为满足消费者现实和潜在的需要所实施的以产品、定价、地点、促销为主要内容的市场营销活动。营销学理论就是研究市场营销活动过程及其客观规律性的理论。

2.1.1　营销学的核心概念

2.1.1.1　市场导向与顾客中心

营销学的核心理念是以市场为导向，以顾客为中心。这意味着企业所有的战略和决策都应围绕市场和顾客的需求展开。市场导向要求企业密切关注市场动态，了解顾客偏好、竞争对手的战略以及行业趋势，以便快速调整自身的产品、价格、促销和渠道策略。顾客中心则强调企业应将顾客的需求和期望放在首位，通过提供优质的产品和服务，以及创造独特的顾客体验来满足顾客的需求，从而赢得顾客的信任和忠诚。

2.1.1.2　顾客价值与顾客满意度

顾客价值是营销学中的一个核心概念，顾客会权衡从购买的产品或服务中获得的可感知利益与所付出的成本。顾客价值是顾客对某一产品或服务效用的主观评价。企业需要通过提供优质的产品和服务，以及创造独特的顾客体验来提升顾客价值。

顾客满意度则是衡量企业满足顾客期望程度的重要指标，满意的顾客更有可能成为忠诚的回头客，为企业带来持续的收益。

为了提升顾客价值和顾客满意度，企业需要深入了解顾客的需求和期望，通过市场调研和数据分析等手段来获取顾客反馈，以便及时调整产品和服务策略。同时，企业还需要关注顾客的购买行为和消费心理，提供个性化的产品和服务，以满足不同顾客群体的需求。

2.1.2 营销学的基本原则

2.1.2.1 STP 原则：市场细分、目标市场选择与定位

STP 原则是营销战略的核心。首先，企业需要对整体市场进行细分，根据消费者的需求、购买行为和其他相关特征将市场划分为若干个子市场。市场细分有助于企业更深入地了解不同消费者群体的需求和特点，为制定具有针对性的营销策略奠定基础。其次，企业需要从这些子市场中选择一个或多个具有潜力的目标市场。选择目标市场时，应对市场规模、增长潜力、竞争状况和企业资源等因素进行综合考虑。最后，企业需要在选定的目标市场中确定自己的独特位置，以便与竞争对手区分开来。市场定位要求企业明确自身的竞争优势和目标顾客群体，通过独特的产品特点、品牌形象和市场策略来吸引和留住目标顾客。

2.1.2.2 4P 营销组合原则：产品、价格、渠道与促销

4P 营销组合原则是企业为满足目标市场需求而制定的一套综合性策略。产品策略关注产品的设计、功能、品质和创新等方面，要求企业提供符合市场需求和顾客期望的优质产品。价格策略涉及产品的定价、折扣和付款方式等方面，要求企业根据市场需求和竞争状况制定合理的价格以吸引和留住顾客。渠道策略关注产品的分销渠道、存储和物流等问题，要求企业建立高效的分销网络，以确保产品能够及时准确地送达目标市场。促销策略则包括广告、公关、销售促进和直接营销等多种传播手段，要求企业根据目标市场的

特点和顾客需求选择合适的促销方式，以提高品牌知名度和销售业绩。

在实践中，企业需要根据市场环境的变化灵活调整这 4 个要素的组合，以实现最佳的营销效果。例如，在面对激烈的市场竞争时，企业可以通过降低价格或提供额外的折扣来吸引顾客；在推广新产品时，则可以通过加大广告投入或举办促销活动来提升市场认知度、增强购买意愿。

2.1.3 营销学在现代商业环境中的应用与挑战

2.1.3.1 数字营销与社交媒体营销的崛起

随着互联网的普及和社交媒体的兴起，数字营销和社交媒体营销成为现代企业不可或缺的一部分。数字营销利用数字技术来吸引和留住顾客，从而提高品牌知名度和销售业绩。社交媒体营销则通过社交媒体平台，如微博、微信等平台与顾客建立更紧密的联系，提升品牌曝光度，增强互动性。这些新兴的营销形式为企业提供了更多与顾客互动、传递品牌信息和推广产品的机会，同时也给企业带来了新的挑战和要求。

2.1.3.2 关系营销与顾客关系管理的重要性日益凸显

关系营销强调建立、维护和加强与顾客及其他利益相关者的长期互利关系。这要求企业不仅关注单次交易成功与否，还要致力于建立持久稳定的合作关系以实现共赢。顾客关系管理（CRM）系统则为企业提供了一种收集和分析顾客数据的有效工具，以便企业更好地了解顾客的需求和行为模式，进而为其提供更个性化的产品和服务，提高顾客满意度和忠诚度。在实践中，企业需要建立完善的 CRM 系统来整合和管理顾客信息，确保各部门信息共享和协同工作，以便为顾客提供一致、高效的服务体验。

2.1.3.3 品牌管理与品牌建设的长期性投入

品牌是企业在消费者心中形成的独特印象和认知。它代表了企业的形象、声誉等因素。品牌管理涉及品牌的创建、塑造、维护和传播等方面，旨在建立强大的品牌，强化企业竞争优势。品牌建设是一个长期过程，需要企业持续投入资源和精力来打造独特的品牌形象和文化内涵，从而赢得消费者的信任和忠诚。在实践中，企业需要制定明确的品牌战略，包括品牌定位、品牌形象塑造和品牌传播策略等, 同时还需要注重品牌文化的培育和内部员工品牌意识的提升, 以便形成内外一致的品牌形象和声誉。

2.1.4 构建以顾客为中心的现代营销体系

营销学理论涵盖广泛的概念、原则和实践方法, 为企业提供了一套系统的框架, 指导其在市场中的营销活动, 如营销策略的制定。在现代商业环境中, 企业需要不断学习和应用新的营销理念和技术手段, 以适应不断变化的市场需求和竞争格局, 从而实现可持续发展和盈利性增长目标。为此, 企业需要构建以顾客为中心的现代营销体系, 将市场导向和顾客中心的理念贯穿于企业战略规划、产品开发、市场营销和服务提供等各个环节, 同时还需要注重数字化转型和社交媒体的应用, 加强与顾客的互动和交流, 提升品牌形象和顾客忠诚度, 此外, 企业还需要关注全球化和跨文化营销的挑战, 积极开拓国际市场, 寻求更广阔的发展空间。

2.2 营销策略理论

营销策略理论是指一系列关于如何制定和实施营销策略的指导原则和框架。营销策略理论可以帮助企业根据不同的市场和产品情况制定相应的营销策略, 进而实现营销目标。

2.2.1 STP 营销策略理论

STP 营销策略理论是现代市场营销策略的核心内容, 它包括市场细分(Segmentation)、目标市场选择 (Targeting) 和市场定位 (Positioning) 3 个要素。

1. 市场细分

市场细分是指根据消费者需求、购买行为等方面的差异, 把整个市场划分为若干个具有相似需求的子市场的过程。通过市场细分, 企业能够更深入地了解消费者的需求, 发现潜在的市场机会, 为制定针对性的营销策略奠定基础。

2. 目标市场选择

目标市场选择是指在市场细分的基础上, 企业需要根据自身的资源条件、竞争状况等因素，选择一个或多个具有潜力的子市场作为自己的目标市场。目标市场的选择应确保企业能够充分发挥自身的优势，满足目标消费者的需求，并实现营销目标。

3. 市场定位

市场定位是指在选择了目标市场后，企业需要为自己的产品或服务在市场上确定一个明确的竞争地位。这要求企业明确自己的竞争优势和特色，通过独特的产品属性、品牌形象等手段，在目标市场上塑造出与众不同的市场形象，以吸引和留住消费者。

STP 营销策略理论的实践与应用，可以帮助企业更好地满足消费者需求，提升市场竞争力，并实现长期盈利。例如，通过深入的市场细分，企业可以发现潜在的市场机会；通过明确的目标市场选择，企业可以集中资源投入最有潜力的市场；通过独特的市场定位，企业可以在竞争激烈的市场中脱颖而出。

2.2.2 4P 营销策略理论

4P 营销策略理论是市场营销策略的基本框架，主要包括产品（Product）、价格（Price）、渠道（Place）和促销（Promotion）4 个要素。

1. 产品

产品是指企业提供给市场的、能够满足消费者需求的所有物品或服务。在 4P 理论中，产品策略关注的是如何开发、设计、生产并推出符合市场需求的产品。企业需要注重产品的功能、品质、外观、包装等方面，以满足消费者的实际需求和期望。

2. 价格

价格是指消费者购买产品时所支付的价格。价格策略涉及产品的定价、折扣、优惠等问题。企业需要根据市场需求、竞争状况、成本等因素来制定合理的价格策略，以确保产品的价格具有竞争力和盈利能力。

3. 渠道

渠道是指产品从生产企业流转到消费者手中所经历的各个环节。渠道策略关注的是如何选择合适的分销渠道和物流方式，以确保产品能够及时、有效地送达目标市场。企业需要考虑直接渠道与间接渠道、线上渠道与线下渠道等多种选择，并根据实际情况进行渠道整合和优化。

4. 促销

促销是指企业通过各种手段来激发消费者的购买欲望，以促成交易达成。促销策略包括广告、公关、销售促进等多种形式。企业需要综合运用各种促销手段来提升品牌知名度、树立良好形象，并刺激消费者做出购买行为。

4P 营销策略理论为企业制定和实施市场营销策略提供了基本的指导框架。在实际应用中，企业需要根据自身实际情况和市场环境的变化灵活运用这 4 个要素，以实现营销目标。同时，随着市场环境的变化和消费者需求的多样化，4P 理论也在不断发展和完善。企业需要注重理论与实践的结合，不断创新和优化营销策略，以适应市场的变化和发展趋势。

2.2.3　4R 营销策略理论

4R 营销策略理论是由美国学者唐·舒尔茨在 4C 营销理论的基础上提出来的。这一理论强调以市场竞争为导向，建立企业与顾客之间长期而稳固的关系，把交易转变成一种责任，并优化与此相关的市场营销活动中的各种因素。

1. 关联

企业需要通过各种方式在业务、需求等方面与顾客建立关联，形成一种互助、互求、互需的关系，从而减少顾客的流失，并以此来提高顾客的忠诚度，赢得长期而稳定的市场。

2. 反应

在相互影响的市场中，对经营者来说，最难解决的问题不是如何控制、制定和实施计划，而是如何站在顾客的角度及时倾听，从推测性商业模式转变成高度回应需求的商业模式。这意味着企业应该尽量倾听消费者的需求，并迅速做出反应。

3. 关系

在企业与客户关系发生本质性变化的市场环境中，能否抢占市场的关键，已转变为能否与顾客建立长期而稳固的关系。这要求企业从一次性交易转向建立长期友好合作关系，从着眼于短期利益转向重视长期利益，让顾客主动参与到生产过程中来。

4. 回报

任何交易与合作关系的巩固和发展都是经济利益问题。因此，一定的合理回报，既是正确处理营销活动中各种矛盾的出发点，也是营销的落脚点。企业需要关注并优化自身可以承受的成本和消费者愿意支付的成本之间的关系，以便吸引更多的消费者并形成规模经济效益。

4R 营销策略理论注重企业与消费者建立长期互惠互利的营销关系，通过满足消费者的需求和主动创造需求来形成独特的竞争优势。这种理论对于现代市场营销具有重要的指导意义，有助于企业在激烈的市场竞争中抢占市场并实现长远利益。

2.2.4 4C 营销策略理论

4C 营销策略理论是一种以消费者为中心的营销理论，它强调企业在市场营销活动中应该注重消费者的需求和欲望，并以此为导向来制定营销策略。4C 分别指代顾客、成本、便利和沟通。

1. 顾客

4C 理论强调企业应该首先了解和研究消费者的需求和欲望，根据消费者的需求来提供产品。同时，企业提供的不仅是产品和服务，更重要的是由此产生的客户价值。

2. 成本

这里的成本不单是企业的生产成本，或者说 4P 营销策略理论中的价格，还包括顾客的购买成本。这意味着产品定价的理想情况，应该是既低于顾客的心理价格，又能让企业有所盈利。此外，这中间的顾客购买成本不仅包括其货币支出，还包括其为此耗费的时间、体力和精力消耗，以及购买风险。

3. 便利

4C 理论强调企业在制定分销策略时要更多地考虑顾客的方便而不是企业自身的方便，企业要通过好的售前、售中和售后服务，让顾客在购物的同时也享受到便利。便利是客户价值不可或缺的一部分。

4. 沟通

4C 理论认为，企业应通过同顾客进行积极而有效的双向沟通，建立基于共同利益的新型企业/顾客关系。这不再是企业单向劝导顾客的行为，而是在双方沟通中找到能同时实现各自目标的办法。

总的来说，4C 营销策略理论注重以消费者为中心，从消费者的角度出发来制定营销策略，以满足消费者的需求和欲望为主要目标。这种理论对现代市场营销具有重要的指导意义，有助于企业更好地了解消费者、满足消费者需求，并建立长期稳定的客户关系。

2.3 营销模式理论

营销模式理论是现代市场营销学的重要组成部分，它研究的是企业在特定市场环境下如何有效地组织和管理营销活动，以实现企业的营销目标。随着市场环境的变化和消费者需求的多样化，营销模式也在不断演变和创新。

2.3.1 传统营销模式

传统营销模式以产品为中心，通过大规模生产、标准化产品和广泛的分销网络来实现市场覆盖和消费者触达。在这种模式下，企业注重产品的功能和品质，通过广告宣传和促销活动来吸引消费者购买。然而，随着市场环境的变化和消费者需求的多样化，传统营销模式已经难以适应市场的变化，需要不断创新和改进。

2.3.2 服务营销模式

服务营销模式注重提供优质的服务和顾客体验，以满足消费者的个性化需求。在这种模式下，企业需要深入了解消费者的需求和期望，通过提供定制化的服务、优质的售后支持和良好的顾客体验来赢得消费者的信任和忠诚。服务营销模式强调与消费者的互动和沟通，注重建立长期而稳定的客户关系。

2.3.3 网络营销模式

网络营销模式是利用互联网技术和平台来进行市场营销活动的一种新型营销模式。它具有传播速度快、覆盖范围广、互动性强等特点。在网络营销模式下，企业可以通过社交媒体、搜索引擎优化（SEO）、搜索引擎营销（SEM）等多种手段来推广产品和服务，吸引潜在消费者的关注和购买。同时，网络营销模式也为企业提供了与消费者实时互动的机会，有助于企业更好地了解消费者需求和市场动态。

2.3.4　整合营销模式

整合营销模式是一种综合性的营销模式，它强调对各种营销方法和手段进行整合和协同。在整合营销模式下，企业需要对市场环境、消费者需求、竞争对手以及企业自身资源进行全面分析，以构建一套适合企业的营销方法。这种组合可能包括传统广告、公关活动、促销活动、社交媒体等多种手段，以实现最佳的营销效果和长期盈利。

2.3.5　营销模式的实践应用

2.3.5.1　以消费者需求为导向的产品创新与服务提升

在市场竞争日益激烈的今天，企业需要不断关注消费者需求的变化，通过产品创新和服务提升来满足消费者的实际需求。例如，某手机品牌针对消费者对于拍照功能的高度关注，推出了具有强大拍照功能的手机产品，并提供了专业的摄影教程和售后服务支持，成功吸引了大量消费者的关注和购买。这种以消费者需求为导向的产品创新和服务提升策略，有助于企业在市场上树立独特的品牌形象和竞争优势。

2.3.5.2　线上线下融合的全渠道营销策略

随着互联网的普及和电子商务的快速发展，线上线下融合已经成为企业营销的重要趋势之一。企业需要积极拓展多元化的销售渠道，包括线上商城、线下实体店、社交媒体平台等，以实现更广泛的市场覆盖和消费者触达。同时，企业还要注重线上线下的融合与协同，通过线上引流、线下体验、线上支付等方式提升消费者的购物体验。例如，某服装品牌通过线上商城和线下实体店的融合，实现了 O2O 的营销模式，消费者可以在线上浏览产品并下单，然后选择去就近的实体店试穿和取货。这种线上线下融合的全渠道营销策略，有助于企业提升销售业绩和市场竞争力。

2.3.5.3　社交媒体与大数据驱动的精准营销策略

在社交媒体和大数据技术的支持下，企业可以实现更加精准的营销。通过收集和分析消费者的社交媒体行为、购买记录等信息，企业可以深入了解消费者的需求和偏好，为消费者提供个性化的产品和服务。同时，企业还可以利用社交媒体平台与消费者进行实时互动，不断完善产品和服务，以满足消费者实际需求。例如，某电商平台通过收集和分析消费者的浏览记录和购买记录等数据，为消费者推荐相关度高的商品，并通过社交媒体平台发布个性化的广告内容，成功提升了销售转化率和客户满意度。这种社交媒体与大数据驱动的精准营销策略，有助于企业在激烈的市场竞争中脱颖而出并实现自己可持续发展的目标。

在未来的市场竞争中，企业需要不断创新和改进营销模式，以适应市场变化和满足消费者需求，实现长期稳定的发展目标。首先，营销模式的选择和应用，需要根据市场环境的变化和企业自身资源条件进行调整和优化；其次，以消费者需求为导向的产品创新和服务提升，是提升市场竞争力的关键；最后，线上线下融合的全渠道营销策略以及社交媒体与大数据驱动的精准营销策略，是未来市场营销发展的重要趋势和方向。同时，随着科技的进步和市场环境的变化，新的营销模式和手段将不断涌现，这为企业提供了更多的选择和机遇，有助于推动市场营销学不断发展和完善。

2.4　新零售理论

随着科技的飞速发展和消费者需求的日益多样化，传统零售模式正面临着前所未有的挑战。为了适应这一变革，新零售理论应运而生，为零售行业注入了新的活力。

2.4.1　新零售的定义和背景

新零售，英文是 New Retailing，即企业以互联网为依托，通过运用大数据、人工智能等先进技术手段，对商品的生产、流通与销售过程进行升级改造，进而重塑业态结构与生态圈，并深度融合线上服务、线下体验以及现代物流，更好地满足消费者多元化需求的一种新型零售模式。

新零售的概念并非凭空产生的，而是与整个社会经济的发展、人们生活方式的改变以及电子商务的崛起密切相关的。随着人们生活水平的提高和消费观念的转变，消费者对购物体验和个性化服务的需求日益增强，传统零售模式已经无法满足这些需求。同时，电子商务的快速发展，使线上购物成为越来越多人的选择，但也存在着无法满足消费者体验和个性化需求的问题。因此，新零售应运而生，旨在将线上线下的优势相融合，为消费者提供更好的购物体验和服务。

2.4.2　新零售的特点和优势

2.4.2.1　新零售的特点

1. 以消费者为中心

新零售强调以消费者的需求为出发点，通过精准营销和个性化服务来满足消费者的多元化需求。

2. 重构"人、货、场"

新零售重新定义了零售业的"人、货、场"三要素。"人"指的是消费者，"货"指的是商品和服务，"场"则指的是消费场景和渠道。新零售借助数字化技术和大数据分析，对这三要素进行重新组合和优化，实现了更高效、更精准的零售运营。

3. 线上线下深度融合

新零售突破了传统零售模式中线上线下的界限，实现了线上线下的深度融合。新零售充分利用互联网和实体店的优势，为消费者提供便捷、高效的购物体验。消费者既可以在线上浏览商品、下单购买，也可以选择到线下门店体验、提货。这种融合不仅体现在销售渠道上，更体现在商品、服务、物流等各个方面的整合和优化上。

4. 大数据驱动

新零售通过收集和分析消费者行为数据，为消费者提供个性化的产品推荐服务。企业也可以根据这些数据优化商品供应链、库存管理和定价策略等，实现精准营销和智能决策。

5. 实时互动

新零售强调与消费者的实时互动，如通过社交媒体、客户服务平台等渠道了解消费者需求，提供及时的售后服务和咨询服务。这种互动不仅增强了消费者的参与感，提升了其忠诚度，也为企业提供了更多的市场反馈和改进机会。

6. 数字化运营

新零售运用大数据、人工智能等技术手段，对商品的生产、流通与销售过程进行数字化管理，提高了运营效率，降低了成本。

7. 供应链优化

新零售通过对供应链的整合和优化，实现了商品的快速流通和高效配送，提高了消费者的购物体验。

8. 创新业态与物种

新零售鼓励零售业的创新和多元化发展。在新零售的框架下，各种新兴的零售业态和物种如雨后春笋般涌现，如无人便利店、智能货柜、社区团购等。这些新业态和物种不仅满足了消费者的多元化需求，也推动了零售业的转型升级和创新发展。

2.4.2.2　新零售的优势

1. 满足消费者多元化需求

新零售通过线上线下融合、数据驱动和智能化运营等方式，更好地满足了消费者的多元化需求和个性化需求。同时，新零售的创新商业模式也可以为消费者提供更加便捷的服务和体验。

2. 提高运营效率

新零售利用先进的技术手段和数据驱动方式，优化商品生产和流通环节，提高运营效率和市场竞争力。同时，智能化运营还可以降低人工成本等。

3. 创新商业模式

新零售的创新商业模式可以更好地适应市场变化和消费者需求的变化，提高销售效率和盈利能力。同时，新零售也可以为传统零售企业提供新的增长点和发展机遇。

2.4.3　新零售的发展趋势和挑战

2.4.3.1　新零售的发展趋势

随着技术的不断进步和社会消费观念的转变，新零售的发展趋势主要体现在以下几个方面：

1. 智能化升级

随着人工智能、物联网等技术的不断发展，新零售将进一步实现智能化升级，例如，智能化的商品管理、库存管理、物流配送等。同时，智能化升级也可以提升消费者的购物体验。

2. 个性化服务

随着消费者需求的多元化和个性化，新零售将更加注重为消费者提供个性化的服务和推荐。例如，通过数据分析和挖掘，为消费者提供更加精准的商品推荐服务。

3. 社区化发展

随着社交电商等模式的兴起，新零售将更加注重社区化发展，通过与消费者的互动和社群营销等方式，提高品牌知名度，增强用户黏性。

4. 无界化经营

随着线上线下融合的深入推进，新零售将实现无界化经营，打破传统零售的地域限制和时间限制，为消费者提供更加便捷的服务和体验。

2.4.3.2 新零售面临的挑战

1. 技术成本高昂

新零售需要大量的技术投入和人力成本，包括硬件设备、软件系统、数据挖掘和分析等方面的成本。这些成本可能会对企业的经营造成一定的压力。

2. 数据安全和隐私保护

新零售需要收集和分析大量消费者数据以实现个性化服务推荐，但这也带来了数据安全和隐私保护的问题。企业需要采取有效的措施来保护消费者的隐私和数据安全。

3. 法律法规限制

相关的法律法规也可能会随新零售的发展而出台。企业需要遵守相关法律法规的要求，否则可能面临法律风险。同时，一些新兴的业务模式，也需要完善的法律法规来规制。

4. 竞争激烈

随着新零售的兴起，越来越多的企业加入了这个领域，市场竞争变得越来越激烈。企业需要不断创新和提高服务质量，以保持市场竞争力。同时，一些传统零售企业也面临着与新兴企业竞争的压力。

新零售是一种新型的零售模式，它通过运用先进的技术手段和创新的商业模式，来满足消费者的多元化需求，实现运营效率的提高。随着技术的不断进步和社会消费观念的转变，新零售的发展趋势将更加明显，然而，由此也产生了技术成本、数据安全和隐私保护、法律法规限制以及竞争激烈等方面的挑战。随着技术的不断进步和应用场景的不断拓展，相信新零售会迎来更加广阔的发展空间。

2.5 互联网思维理论

2.5.1 互联网思维的定义和背景

互联网思维是指在互联网、大数据、云计算等科技不断发展的背景下，对市场、用户、产品、企业价值链乃至整个商业生态进行重新审视时所有的思考方式。其本质是发散的非线性思维，它是一种新型的商业思考模式，强调开放、协作、分享、透明、互动等价值观，以及快速响应市场变化、关注用户体验、不断创新等理念。

互联网思维的出现，源于互联网的快速发展和普及，以及由此带来的商业生态系统的变革。互联网的兴起，使信息传递的速度和广度有了极大的发展，用户获取信息和选择商品服务的自由度也得到极大提升。互联网的普及，使企业可以更加快速地响应市场变化，更加精准地了解用户需求，更加灵活地调整商业模式和产品服务。互联网思维是企业应对市场变革和用户需求变化的必备思考模式。

2.5.2 互联网思维的特点和优势

2.5.2.1 互联网思维的特点

1. 以用户为中心

互联网思维强调用户至上，将用户的需求和体验放在首位。企业需要关注用户的痛点和需求，提供优质的产品和服务，以满足用户的需求。同时，企业还需要建立与用户互动和沟通的渠道，及时获取用户的反馈和建议，不断优化产品和服务。

2. 快速响应市场变化

互联网思维强调敏捷和灵活，企业需要快速捕捉市场变化和商业机会，迅速调整战略和业务模式。同时，企业还需要建立快速迭代开发的模式，不断优化产品和服务，以满足市场的变化需求。

3. 数据驱动决策

互联网思维强调数据的重要性，企业需要收集和分析数据，了解用户的行为和需求，为决策提供科学依据。同时，企业还需要建立数据驱动的商业模式和决策机制，以便更好地应对市场变化和用户需求的变化。

4. 开放协作

互联网思维强调开放和协作，企业需要打破组织边界，与外部资源进行合作并不断创新。同时，企业还需要建立透明的沟通和协作机制，以便更好地整合内部和外部资源，实现共赢。

5. 体验经济

互联网思维强调用户体验的重要性，企业需要关注产品的设计和服务的过程，为用户提供优质的体验服务等。同时，企业还需要以创新的方式满足用户的个性化需求，增强用户的黏性，提升用户的忠诚度。

除此之外，互联网思维还体现在 9 个方面，即用户思维、简单思维、极致思维、迭代思维、流量思维、社交思维、大数据思维、平台思维、跨界思维。用户思维是指在价值链的各个环节"以用户为中心"的考虑；简单思维则是在产品规划和品牌定位上，力求专注和简单，就产品设计而言，力求简洁、朴素、人性化；极致思维体现在用户服务的方方面面，即创造超出预期的服务来打动用户，让用户自动传播；迭代思维则着眼于产品的微创新，以适应产品需求快速迭代的要求；流量思维强调量变可以引起质变，要坚守质变的"临界点"；社交思维体现了通过社交媒体与用户建立紧密联系的重要性；大数据思维则是利用大数据技术来分析和预测用户需求和市场趋势；平台思维强调构建多方共赢的平台生态圈；跨界思维则鼓励打破传统行业界限，通过创新融合来创造新的商业模式和竞争优势。

2.5.2.2 互联网思维的优势

1. 更好地满足用户需求

互联网思维强调用户至上，将用户的需求和体验放在首位。这种以用户为中心的思考方式，可以更好地满足用户的需求和提升用户的满意度。

2. 提高运营效率

互联网思维强调数据驱动决策和快速响应市场变化。这种思考方式可以提高企业的运营效率和市场竞争力，同时，通过数据分析和挖掘，还可以优化企业的商业模式和业务流程。

3. 创新商业模式

互联网思维鼓励开放协作和体验经济。这种思考方式可以推动企业不断创新商业模式和产品服务，以满足市场的变化需求和用户的个性化需求。同时，与外部资源合作，还可以为企业带来新的增长点和机遇。

4. 建立品牌形象

互联网思维强调用户体验和服务质量。这种思考方式可以提升企业的品牌形象和用户信任度。同时，与用户互动及采取社群营销等方式，还可以增强用户的黏性，提升用户忠诚度。

2.5.3 互联网思维的发展趋势及其面临的挑战

2.5.3.1 互联网思维的发展趋势

随着技术的不断进步和社会消费观念的转变，互联网思维的发展趋势主要体现在以下几个方面：

1. 人工智能技术的应用

人工智能技术是互联网思维的重要支撑手段之一。应用人工智能技术，企业可以实现更加智能化的决策和服务，提升运营效率和用户体验。例如，智能客服、智能推荐等人工智能技术的应用。

2. 跨界融合和创新

互联网思维鼓励开放协作和创新。未来将有更多的行业和企业进行跨界融合和创新尝试，突破传统行业边界和商业模式限制。例如，共享经济、互联网金融等新兴业态。

3. 数据驱动的商业决策

随着大数据技术的不断发展，数据将成为企业决策的重要依据。企业需要不断收集和分析数据，了解用户需求和市场变化趋势，以便更好地制定商业策略和优化业务流程。

4. 个性化和定制化服务

随着消费者需求的多元化和个性化，企业只有提供更加定制化和个性化的服务，才能满足消费者需求。例如，提供定制化产品、个性化服务等。

5. 用户体验和服务质量的提升

用户体验和服务质量将成为企业竞争的重要影响因素。企业需要不断提高产品和服务的质量水平，提升用户体验感满意度。同时，还要加强与用户的互动和沟通，以建立品牌形象和用户忠诚度。

2.5.3.2 互联网思维面临的挑战

1. 技术实现难度

虽然互联网技术不断进步，但一些技术实现仍然有难度。企业需要克服技术难题，以便更好地应用互联网思维。

2. 技术成本高昂

人工智能、大数据等技术需要大量的成本和强大的技术支持。对于一些中小企业来说，可能存在技术门槛较高的问题。因此，需要加大技术研发和创新支持力度，以降低技术成本等。

3. 数据安全和隐私保护

随着大数据技术的广泛应用和用户隐私意识的增强，数据安全和隐私保护成为互联网思维面临的重要挑战之一。企业需要采取有效的措施来保护用户隐私和数据安全，防止数据泄露和滥用等问题发生，同时还需要推动法律法规的制定和完善，以规范数据安全和隐私保护等相关行为。

互联网思维是适应信息时代发展的重要思考方式。在大数据、云计算等技术的支持下，企业应积极拥抱互联网思维，以用户为中心，由数据驱动创新，快速响应市场变化。同时，开放协作、共享经济等理念也将为企业带来新的发展机遇。未来，随着科技的进步和市场的变化，互联网思维将持续推动企业的创新与发展。企业应保持敏锐的市场洞察力，不断学习、实践和总结，以适应日新月异的商业环境。

2.5.4 互联网思维在实践中的应用——以小米公司为例

在科技飞速发展的今天，互联网思维已经成为企业成功的关键因素之一。小米公司作为一家以智能手机和智能家居产品为核心的互联网企业，自创立以来始终秉持互联网思维，并将该思维应用于产品开发、市场营销、用户服务等各个环节。

2.5.4.1　产品开发中的互联网思维

1. 以用户需求为导向

小米公司在产品开发过程中始终坚持以用户需求为导向。借助互联网平台，小米公司能够实时收集用户的反馈和建议，了解他们的真实需求。通过对这些数据的分析，小米公司能够精准地把握市场动态和用户需求，从而开发出更符合用户期望的产品。

2. 追求极致的用户体验

小米公司注重用户体验，追求极致的产品设计。在硬件方面，小米公司不断优化产品性能，提高产品的性价比；在软件方面，小米公司根据用户的使用习惯进行深度定制，为用户提供更加便捷、高效的操作体验。这种对用户体验的极致追求，使小米公司的产品在市场上具有极强的竞争力。

3. 快速迭代与更新

互联网思维强调快速响应市场变化，不断迭代和更新产品。小米公司采用敏捷开发的方法，快速推出新产品并不断优化现有产品。通过持续的迭代和更新，小米公司能够迅速适应市场变化，满足用户不断变化的需求。

2.5.4.2　市场营销中的互联网思维

1. 社交媒体营销

小米公司充分利用社交媒体平台进行市场营销。小米公司在微博、微信、抖音等社交平台发布产品信息、互动活动等内容，吸引了大量粉丝关注。同时，小米公司还鼓励用户在社交媒体上分享自己的使用体验，形成了良好的口碑传播。

2. 饥饿营销策略

小米公司采用饥饿营销策略，通过限量发售、预约购买等方式，激发消费者的购买欲望。这种策略不仅提高了产品的知名度，还使小米公司的产品在市场上始终保持较高的热度。

3. 线上线下融合

小米公司注重线上线下的融合发展。在线上，小米公司通过电商平台和官网进行产品销售；在线下，小米公司则通过实体店等形式，让消费者亲身体验产品。这种线上线下融合的模式，使小米公司能够覆盖更广范围的用户群体，提高市场占有率。

2.5.4.3 用户服务中的互联网思维

1. 建立用户社区

小米公司非常重视用户社区的建设。在小米社区、MIUI 论坛等平台，用户可以交流使用心得、提出问题、参与产品测试等。小米公司的工作人员也会在这些平台与用户互动，解答疑问，收集反馈。这种用户社区的建设，使小米公司能够与用户保持紧密的联系，及时了解用户的需求和问题。

2. 提供个性化服务

小米公司提供个性化的用户服务。例如，用户可以定制自己的手机主题、铃声等；小米公司还提供一对一的售后服务，根据用户的需求，为其提供具有针对性的解决方案。这种个性化的服务方式，使用户能够感受到小米公司的用心和关怀，进而提升满意度和忠诚度。

3. 利用大数据优化服务

小米公司充分利用大数据技术优化用户服务。通过分析用户数据，小米公司能够了解用户的使用习惯、偏好等信息，从而为用户提供更加精准、个性化的服务。例如，小米公司可以根据用户的购买历史和浏览记录为其推荐相关的产品；在用户遇到问题时，小米公司可以通过智能客服系统为其提供快速、准确的解答。

综上所述，小米公司在产品开发、市场营销和用户服务等方面都充分应用了互联网思维。这种思维方式使小米公司能够紧密关注用户需求，快速响应市场变化，提供个性化的服务，从而在激烈的市场竞争中脱颖而出。未来，随着科技的不断发展和市场的不断变化，小米公司将继续坚持互联网思维，不断创新和进步，为用户提供更优质的产品和服务。

2.6 移动营销理论

2.6.1 移动营销的定义和背景

移动营销是指以移动设备（如智能手机、平板电脑等）为媒介，利用移动互联网进行定向营销和互动交流的一种新型营销方式。移动营销的目标是建立品牌认知、促进产品销售、提升用户忠诚度等。

随着移动互联网的普及和移动设备的广泛使用，移动营销逐渐成为企业营销战略的重要组成部分。移动设备的便携性和较强的用户黏性，使移动营销具有精准定位、互动性强、个性化推送等特点，能够更好地满足消费者的需求，提高营销效果。

2.6.2　移动营销的特点和优势

2.6.2.1　移动营销的特点

1. 精准定位

移动营销能够通过移动设备的地理位置等信息，对用户进行精准定位，实现个性化推送和服务。这种精准定位可以提高营销效果，提升用户转化率。

2. 互动性强

移动设备具有便携性和实时性等特点，这使移动营销具有很强的互动性。企业可以通过移动应用、短信、社交媒体等多种方式与用户互动，从而提高用户参与度和忠诚度。

3. 个性化推送

移动营销可以根据用户的兴趣、需求等信息，为其推送个性化的广告、优惠券等，提高用户转化率和营销效果。这种个性化推送可以提高用户体验度和满意度。

4. 数据驱动

移动营销可以收集大量用户数据，通过数据分析和挖掘，更好地理解用户需求和行为，从而为企业的决策和产品开发提供有力支持。

2.6.2.2　移动营销的优势

1. 覆盖面广

移动设备普及率高，这使移动营销的覆盖面非常广，能够触及更广泛的用户群体。

2. 精准度高

通过对用户信息的分析和挖掘，移动营销能够实现精准定位和个性化推送，提高用户转化率和营销效果。

3. 互动性强

移动设备具有实时性和便携性等特点，这使移动营销具有较强的互动性，能够更好地满足用户的即时需求。

4. 成本低廉

移动营销的成本相对较低，只需要开发和维护一款移动应用，就可以覆盖广泛的用户群体。同时，移动设备的广告推送也比传统媒体的广告更为便宜和便捷。

5. 持续性强

用户通常随身携带移动设备，因此，移动营销的影响力可以持续较长的时间，有利于提高用户的忠诚度和品牌认知度。

2.6.3 移动营销的策略

移动营销的策略包括以下几个方面。

1. 建立移动网站

企业可以通过建立自己的移动网站，向用户展示产品和服务，提升品牌形象。在移动网站中，可以实现用户注册、产品购买、优惠活动等多种操作。一个良好的移动网站，可以帮助企业抓住更多潜在客户，提高销售额。

2. 开发移动应用

企业可以针对特定目标用户群体开发移动应用，为其提供个性化的服务。例如，企业可以开发购物应用、游戏应用等，通过应用内的广告推送、优惠券发放等推广、销售产品或服务。这种个性化的服务可以增强用户体验感，提升其忠诚度。

3. 利用社交媒体

社交媒体是移动营销的重要渠道之一。企业可以通过社交媒体平台发布内容、与用户互动、建立品牌形象等。同时，社交媒体上的用户数据也可以为企业提供宝贵的市场信息和用户需求分析依据。

4. 短信推送

企业可以通过向用户发送短信的方式来推广产品和传递信息。短信推送可以快速触达目标用户群体，提高用户转化率，但需要注意短信内容的创意和准确度，避免引起用户的反感。

5. 定向广告投放

企业可以利用大数据分析和挖掘技术，对用户进行精准定位和个性化推送。定向广告投放可以提高广告效果和用户转化率，降低营销成本，但需要注意广告内容的创意和质量，避免虚假宣传和恶意推送。

6. 线下活动与线上互动相结合

企业可以通过线下活动吸引用户参与，再通过线上互动提高用户的参与度和忠诚度。例如，企业可以组织线下促销活动或线上抽奖活动等，吸引用户的关注和参与。

7. 数据分析和挖掘

企业可以通过收集和分析用户数据，更好地理解用户需求和行为，为企业的决策和产品开发提供有力支持。同时，可以根据数据分析结果调整营销策略和推广方式，提高营销效果和用户转化率。

8. 与第三方合作伙伴联合推广

与第三方合作伙伴联合推广，可以扩大企业的覆盖面，提高品牌知名度。例如，企业可以与知名应用商店合作推广自己的应用或与电商平台合作进行产品销售等。这种联合推广的方式可以更好地整合资源，实现互利共赢。

9. 优化用户体验

优化用户体验是移动营销的关键之一。企业需要在设计和开发过程中注重用户体验的细节，增强应用的易用性和稳定性，确保用户能够方便快捷地使用产品或服务。同时，还需要及时收集和处理用户的反馈和建议，不断改进和优化产品或服务的质量和功能。优化用户体验，可以提高用户的满意度、忠诚度以及产品的市场竞争力。

随着移动互联网技术的不断发展和普及，移动营销将继续发挥重要的作用。首先，移动营销将更加智能化和个性化。人工智能和大数据技术的应用，将使移动营销更加精准化和个性化，从而更好地满足用户的需求和提高营销效果。其次，移动营销将更加注重用户体验和参与度。互动性和社交性的增强，将使用户更愿意参与移动营销活动，有利于提高用户的忠诚度和参与度。最后，移动营销将更加多元化和跨界化。企业将通过多种渠道和方式进行移动营销，包括移动广告、社交媒体、线下活动等。同时，企业还将注重跨界合作和创新，以开拓更广阔的市场等。

总之，移动营销理论将继续发挥其重要的作用和价值，为企业的发展和创新提供重要的支持和帮助。未来，随着移动互联网技术的不断发展和应用，移动营销将迎来更加广阔的发展空间。

2.7 供给侧结构性改革理论

2.7.1 供给侧结构性改革的定义和背景

供给侧结构性改革，就是从提高供给质量出发，用改革的办法推动结构调整，减少无效供给和低端供给，增加有效供给和中高端供给，增强供给结构对需求变化的适应性和灵活性，提高全要素生产率，使供给体系更好地适应需求结构的变化，更好地满足广大人民群众的需要，促进经济社会持续健康发展。

改革开放以来，我国经济实现了快速发展，人民收入水平有了很大的提高，在减少绝对贫困人口方面取得巨大成效。但是，我们也应注意到，在经济快速增长的同时，我国的贫富差距依然较大。造成这种局面的原因，是过去的发展是围绕着刺激需求特别是投资和出口展开的，在取得巨大成就的同时也带来了很多问题。一方面，伴随经济的快速发展，人民的生活水平有了很大提高，但是也付出了环境污染、产能过剩、劳动力成本上升等代价；另一方面，居民收入水平差距逐渐拉大，低收入群体所占比例不断上升，导致消费需求不足，最终消费支出对经济增长的年均贡献率低于同期投资率。因此，转变经济发展方式已刻不容缓。

党的十八届三中全会通过的《中共中央关于全面深化改革若干重大问题的决定》提出："坚持和完善基本经济制度，加快完善现代市场体系、宏观调控体系、开放型经济体系，加快转变经济发展方式，加快建设创新型国家，推动经济更有效率、更加公平、更可持续发展。"这里强调的是以供给侧结构性改革为主线的发展思路。

2015 年 11 月 10 日，在中央财经领导小组会议上，首次提出了"供给侧改革"这一重要理念。"供给侧"是相对于"需求侧"而言的，它是从供给和生产端入手，通过鼓励企业创新、促进淘汰落后、化解过剩产能、降低税费负担等方式，解放生产力，提升竞争力，从而促进经济发展。"供给侧改革"更加注重经济结构的优化，核心在于提高全要素生产率，政策手段包括简政放权、放松管制、金融改革、国企改革、土地改革、提高创新能力等。
"供给侧改革"的提出，旨在加大结构性改革力度，进一步释放内需潜力、激
发供给活力，以创新供给带动需求扩展，以扩大有效需求倒逼供给升级，实
现稳增长和调结构互为支撑、互促共进。

供给侧结构性改革的根本目的，是使我国经济走上健康可持续发展的道路。
供给侧结构性改革，不局限于去产能、去库存、去杠杆、降成本、补短板，即
"三去一降一补"这些具体领域的工作，而是要以全局的视角审视整个经济运行
的全局。供给侧结构性改革要求在适度扩大总需求的同时，着力改善和加强供
给侧管理，这是保证国民经济平稳健康发展和社会大局稳定的重要举措。

2.7.2 供给侧结构性改革的特点和优势

供给侧结构性改革，就是从供给侧入手，针对经济结构性问题而推进的
改革，旨在调整经济结构，使要素实现最优配置，确保"量增质升"。供给侧
结构性改革要注重劳动力、土地、资本、制度创造、创新等要素。

2.7.2.1 供给侧结构性改革的显著特点

（1）强调政府宏观调控的作用。
（2）强调解决短期经济波动问题。
（3）强调短期的政策调整。

2.7.2.2 供给侧结构性改革的优势

（1）用增量改革促存量调整，在增加投资过程中优化投资结构、产业结
构，开源疏流，在经济可持续高速增长的基础上，实现经济可持续发展与人
民生活水平不断提高。
（2）优化产权结构，政府宏观调控与民间活力相互促进。
（3）优化投融资结构，促进资源整合，实现资源优化配置与优化再生。
（4）优化产业结构，提高产业质量，优化产品结构，提升产品质量。
（5）优化分配结构，实现公平分配，使消费成为生产力。
（6）优化流通结构，节省交易成本，提高有效经济总量。
（7）优化消费结构，实现消费品不断升级，不断提高人民生活品质，实
现创新—协调—绿色—开放—共享的发展。

2.7.3 供给侧结构性改革在农业的实践应用

经过多年不懈努力，我国农业农村发展迈上新台阶，进入新的历史阶段。

2015 年中央一号文件明确提出，要加大改革创新力度，加快农业现代化建设，因此，推进农业供给侧结构性改革，去库存、降成本、补短板成为农业工作的重点。

农业供给侧结构性改革是我国农业发展的重要战略，其核心是通过改革农业生产和供给体系，优化农业结构，提升农业品质和效率，促进农业的转型升级和高质量发展等。这一改革的目标是实现农业增效、农民增收和农村振兴，以满足人民日益增长的美好生活需要。

1. 优化农业结构

农业供给侧结构性改革首先要优化农业结构，调整农作物种植结构和养殖结构，使农业生产更加符合市场需求。在种植结构方面，应减少低端农产品种植面积，增加高端农产品如绿色有机蔬菜、中草药等种植面积。在养殖结构方面，应推广生态养殖，提高养殖品种的品质和附加值。同时，要发展特色农业和地方农业，发挥地方资源优势，提高农产品市场竞争力。

2. 提升农业品质和效率

农业供给侧结构性改革的另一个重要目标是提升农业品质和效率。要推广先进的农业技术和装备，提高农业生产的技术含量和机械化水平。同时，要加强农产品质量安全管理，推广绿色生产方式，提高农产品品质和安全水平。此外，还应加强农业信息化建设，推动"互联网+"农业的发展，提高农业生产和管理效率。

3. 促进农村一二三产业融合发展

农业供给侧结构性改革，还应注重促进农村一二三产业融合发展。要鼓励农民通过参与乡村旅游、农村电商等新型业态，拓展农业功能，延长产业链条，提高农产品附加值。同时，要加强农村基础设施建设，提高农村公共服务水平，营造良好的农村发展环境。在此基础上，要培育新的经营主体和服务主体，发展多种形式的新型经营主体和服务主体，如家庭农场、农民合作社、农业社会化服务组织等。这些主体可以提供更加专业化的服务，促进农业生产的社会化分工和协作。

4. 加强政策支持

为了推进农业供给侧结构性改革，政府需要加强政策支持。首先，要加大对农业的投入力度，提高对农业的补贴和奖励。其次，要完善农村金融体系，为农民和企业提供更加便捷的金融服务。再次，应加强农业科技创新和人才培养，为农业发展提供智力支持。最后，要深化农村土地制度改革，完善土地流转和承包制度，为农业规模化经营创造条件。

5. 加强国际合作与交流

在全球化背景下，农业供给侧结构性改革还应注重加强国际合作与交流。要积极参与国际农业合作项目，引进国外先进的农业技术和装备，提高我国农业的国际竞争力。同时，要加强与国际组织和企业的交流与合作，共同探索农业发展的新模式和新路径。此外，还应注重培养国际化农业人才，为我国农业走向世界奠定基础。

总之，农业供给侧结构性改革是实现农业增效、农民增收和农村振兴的重要途径。优化农业结构、提升农业品质和效率、促进农村一二三产业融合发展等方面的工作，可以推动我国农业高质量发展。政府和社会各界应共同努力，加强政策支持，加大国际合作与交流等方面措施的落实力度，为推进农业供给侧结构性改革创造良好的环境和条件。

2.7.4 供给侧结构性改革在传统零售业的实践应用——以盒马鲜生为例

随着我国经济的快速发展和消费市场的不断升级，消费者对高品质、便捷生活的需求日益增强。在此背景下，盒马鲜生作为阿里巴巴旗下的新零售代表，凭借其独特的商业模式和供应链管理，成功实现了对传统零售业的供给侧改革。

2.7.4.1 盒马鲜生供给侧改革的背景

1. 消费升级

随着消费者收入水平的提高，消费者对高品质、个性化、便捷化生活的需求不断提升。

2. 传统零售业面临的困境

传统零售业在商品品质、购物体验、供应链管理等方面难以满足消费者需求，且存在较高的运营成本。

3. 新零售的兴起

新零售以消费者为中心，通过线上线下融合，提供更加便捷、个性化的购物体验。盒马鲜生作为新零售的代表，应运而生。

2.7.4.2 盒马鲜生供给侧改革的动因

1. 满足消费者需求

盒马鲜生通过提供高品质、新鲜的食品和良好的购物体验，满足了消费者对高品质生活的需求。

2. 提高供应链效率

盒马鲜生采用直采模式，减少了中间环节，提高了供应链效率，降低了运营成本。

3. 线上线下融合

盒马鲜生实现了线上线下融合，为消费者提供了更加便捷的购物体验。

2.7.4.3 盒马鲜生供给侧改革的策略

1. 直采模式

盒马鲜生采用直采模式，直接与供应商合作，确保商品品质和供应链效率。

2. 品质保证

盒马鲜生注重商品品质，严格筛选供应商，确保商品安全、新鲜、高品质。

3. 智能化供应链管理

盒马鲜生运用大数据、物联网等技术，实现智能化供应链管理，提高库存周转率，降低运营成本。

4. 线上线下融合

盒马鲜生通过线上线下融合，为消费者提供更加便捷的购物体验。线上平台提供丰富的商品选择和便捷的下单服务，线下门店提供优质的购物环境和高效的物流配送。

5. 创新业态

盒马鲜生不断探索新的业态形式，如盒马 mini 等，以满足不同消费场景的需求。

2.7.4.4　盒马鲜生供给侧改革的实施效果

1. 提升消费者体验

通过提供高品质、新鲜的食品和良好的购物体验，盒马鲜生赢得了消费者的认可和信任，增强了用户黏性。

2. 提高运营效率

直采模式和智能化供应链管理使盒马鲜生的运营成本降低，库存周转率提高。

3. 促进传统零售业转型升级

盒马鲜生的成功经验为传统零售业提供了借鉴和启示，推动传统零售业向新零售转型。

4. 引领行业趋势

盒马鲜生供给侧改革是我国零售业的一次重要创新实践。通过实施直采模式、品质保证、智能化供应链管理等策略，盒马鲜生成功满足了消费者对高品质生活的需求，提高了运营效率，推动了行业转型升级。盒马鲜生的成功经验为其他企业提供了借鉴和启示，对于我国零售业的创新发展具有重要的参考价值。未来，随着技术的不断创新和市场需求的不断变化，盒马鲜生将继续深化供给侧改革，引领我国零售业迈向更高的发展阶段。

3 我国蜂产品市场发展研究

3.1 我国蜂产品市场的发展历程

我国是世界上重要的蜂产品生产国和消费国，我国的蜂产品市场经历了漫长而复杂的发展历程。从最初的自给自足到如今的市场化运作，逐渐形成了庞大的产业链和多元化的销售渠道。

我国蜂产品市场发展过程主要分为养殖阶段、生产阶段和销售阶段。

3.1.1 养殖阶段

作为蜂产品产业链的起点，养殖至关重要。蜜蜂养殖在我国有着悠久的历史。早在古代，人们就开始利用蜜蜂生产蜂蜜、蜂蜡等产品。随着时间的推移，蜜蜂养殖逐渐从家庭副业发展为规模化的产业。

据文献记载，东汉时期，甘肃天水有位隐士，名叫姜岐，不愿做官，隐居山中，以养蜂牧猪为生。姜岐是我国"移"[①]养蜜蜂第一人。这标志着蜜蜂由野生开始向家"养"转变。

当地人见姜岐养蜂取蜜，便纷纷向他求教，此后，养蜂取蜜作为一门技艺流传于世。姜岐被誉为我国养蜂鼻祖。

公元3世纪，《博物志》中出现了"以木为器""以蜜蜡涂器，内外令遍"，以诱引野蜂的内容。

公元5世纪，郑缉之在《永嘉郡记》中记述了家人以蜜涂桶，蜜蜂举群悉至的内容。蜜蜂开始从野生、半野生状态被诱养到仿制的天然蜂窝或代用的木桶蜂窝中。诱养蜜蜂便于人们密切观察蜜蜂，人们逐渐发现蜂蜜是蜜蜂"咀嚼华滋"酿制而成的"蜜浆"，"浆"的释义为较浓的液体，可见那时的蜂蜜浓度较高。

---

① 所谓"移"，就是砍下野生蜂窝，移至家中，挂于檐下。

《神农本草经》把蜂蜜列为上品，称其味甘、平，主心腹邪气，诸惊痫痓，安五脏诸不足，益气补中，止痛解毒，除众病，和百药。

据资料记载，1896 年哈尔滨开始引进西方黑蜂，1912—1932 年，意大利蜜蜂的活框养殖技术引入我国，发展到 20 世纪 60 年代，意大利蜜蜂数量开始多于中华蜜蜂。活框养殖技术在我国被大量使用，不少中华蜜蜂也逐渐转变为箱养。这个时候，我国才进入了真正意义上的"养蜂"阶段。20 世纪 60 年代中期以前，我国基本上是活框巢箱，或加两三个继箱定点养蜂。

在中华人民共和国成立前，由于各种因素，我国的养蜂业发展停滞，经济技术落后。然而，中华人民共和国成立后，我国推行了一系列积极发展养蜂业的措施，如稳定收购价格、普及养蜂知识、在部分学校开设养蜂课程等，这些举措有效地促进了我国养蜂业的发展。

改革开放后，我国蜜蜂养殖业开始快速发展，养殖规模逐渐扩大，技术水平逐渐提高。同时，政府也出台了一系列扶持政策，鼓励农民养殖蜜蜂，增加收入。

3.1.2 生产阶段

作为蜂产品产业链的核心环节，蜂产品生产对于整个市场的发展起到了决定性的作用。我国蜂蜜生产主要经历了"追花夺蜜，流动放蜂"试点推广和"蜂蜜加工保鲜工艺"推广两大历史性变革。

我国幅员辽阔，气候差别大，蜜源植物多，花期不同。往往北方还是冰天雪地，南方已经春暖花开，形成了北方的蜜蜂还在冬眠、南方的蜜蜂却已逐花采蜜的季节性差异。北方，尤其是东北地区，由于花期短，蜜蜂冬眠时间较长，蜂蜜产量低，甚至所生产的蜂蜜还不够蜜蜂自身食用。在这种情况下，黑龙江省率先尝试组织一部分蜂群在春节过后转地至油菜花已经盛开的四川温江地区，"追花夺蜜"，取得了意想不到的收获：一是在油菜花期，每群蜂可生产几十斤乃至上百斤的蜂蜜，有了可喜的收入。二是由于气候温暖，饲料充足，蜂群提前春繁，等到返回北方采蜜的时候，蜂群已是"兵强马壮"，后续蜂蜜产量翻番，而且部分蜂群自然分蜂，壮大了蜂群队伍。这都大大地提高了农民养蜂积极性。三是流动放蜂有效扩大了蜜蜂对农作物授粉的范围，促进了油菜等农作物增产增收。

为验证"追花夺蜜，流动放蜂"的实际效果，1966 年年初，中华全国供销合作总社向北京市供销合作社下达了由其负责推广"黑龙江省开展'追花夺蜜，流动放蜂'经验"试点工作任务。北京市供销合作社遂将此项工作交由北京市土产公司具体实施。1966 年春节过后，北京市土产公司相关负责人受命组织带领北京密云、怀柔、平谷、门头沟、房山等区县首批 18 个生产队的 1000 多群蜜蜂，乘货运火车奔赴四川温江、郫县（现为成都市郫都区）、双流等地，在四川省供销合作社、农业农村厅、公安厅的大力支持下，联合成立了"放蜂工作办公室"。经过一个多月的放蜂实践，转地放蜂确实取得了预期的成果。在四川采完油菜花蜜，蜂群又"马不停蹄"地赶回北京郊区，相继采洋槐花、枣花、荆条花蜜，然后到内蒙古采集荞麦蜜，到吉林等地采椴树蜜。事实证明，"流动放蜂"的收益远远超过原来在本地定点的蜂群带来的收益。1967—1968 年，"流动放蜂"的规模不断扩大，放蜂地也由四川扩大到了广东的新会、增城、开平等地，取得了很好的结果。

实践证明，"追花夺蜜，流动放蜂"的经验是可行的，是值得推广的，由此，全国供销合作总社正式向全国推广"追花夺蜜，流动放蜂"经验。此后，"流动放蜂"成为我国养蜂业常态化的生产方式。

为了提高蜂蜜质量，1982 年，中华人民共和国商业部标准《蜂蜜》(GH 012—82) 颁布实施。该标准根据蜜源花种和蜂蜜的色、香、味及浓度，将蜂蜜划分为三等四级等。该标准虽然没有界定成熟蜜与未成熟蜜，但当时已有媒体在报道"商业部发布蜂蜜部颁标准"的同时刊发有关"什么是成熟蜜"的文章，认为"封盖蜜就是成熟蜜"。

为了贯彻部颁标准，提高蜂蜜质量，1983 年商业部配套提出了"蜂蜜加工保鲜工艺"研究课题，课题组先后调查了京、沪、津、苏、浙、闽、粤等地多家蜂蜜加工企业，发现大多数企业的蜂蜜加工方式相当简单、落后。一般是用开敞式蒸汽夹层锅进行高温脱水（浓缩），比较先进的也不过是用水浴锅进行加热，由于温度不易控制，加热时间没有标准，受热不均匀，加工后的蜂蜜质量不高。当时抽样检测加工前后的蜂蜜若干批，发现其主要理化指标淀粉酶值下降 50% 以上，而且蜂蜜颜色加深，自然气味丧失。经过对蜂蜜加工保鲜工艺基本条件进行反复的研究与实验，工艺流程和蜂蜜保鲜工艺技术条件得以确定。

1983 年 9 月，北京市蜂产品公司（现北京百花蜂业科技发展股份公司）按照蜂蜜加工保鲜工艺要求，设计建成的蜂蜜加工流水线开始投产，到 1985 年年底，共加工蜂蜜 4000 多吨。经每批次、多批次复检，结果证明，蜂蜜加工保鲜工艺有效地提高了蜂蜜总体质量，蜂蜜各项感官指标和理化指标均达到或超过了部颁标准，特别是蜂蜜质量达到了出口标准，仅 1985 年就出口蜂蜜 1000 多吨。

1984 年 4 月，由商业部科技司和土产杂品局主持，对"蜂蜜加工保鲜工艺的研究"和"蜂蜜加工流水线"进行了技术鉴定，最终鉴定结论：生产实验结果证明，根据以严格控制加工温度和加热时间为中心的"蜂蜜加工保鲜工艺"设计的蜂蜜加工流水线是可靠、行之有效的，它基本达到加工过程中保持蜂蜜营养成分和天然特征的目的。

1985 年，"蜂蜜加工保鲜工艺及流水线"获"北京市科技成果二等奖"。1986 年，"蜂蜜加工保鲜工艺的研究"获"商业部科学技术进步二等奖"。

1986 年，商业部将"蜂蜜加工保鲜工艺"作为"蜂蜜加工生产技术规范"，向全国蜂蜜加工企业推广。比如，北京蜂产品研究所先后将这项技术推广转化到南京、广州、成都等地的蜂蜜加工企业。

可以说，"追花夺蜜，流动放蜂"和"蜂蜜加工保鲜工艺"两大历史性变革奠定了我国蜂蜜生产的基本格局。但是，由于定点养蜂生产的"成熟蜂蜜"被边缘化，加工工艺设备简化，加工过程偏离了标准工艺技术要求等，蜂蜜产品质量水平有所下滑。我国蜂蜜产业急需进行根本性的变革，即以生产成熟蜂蜜为主体，以蜂蜜加工为辅助，以科学的蜂蜜标准化体系为基础，以与国际蜂蜜产业融合发展为目标，努力推进我国由世界蜂蜜生产大国向蜂蜜生产强国转变。

随着蜜蜂养殖规模的扩大，我国蜂产品生产逐渐兴起。起初，蜂产品主要是蜂蜜、蜂蜡等传统产品，生产工艺也比较简单，随着市场需求的变化和技术的进步，蜂产品种类不断增加，生产工艺也日益复杂。我国蜂产品生产逐渐形成以地域特色为主的格局。

例如，华北地区的蜂蜜以其独特的口感和色泽而闻名，尤其是被誉为"液体黄金"的蜂蜜品种。这一地区的蜂蜜采集与加工技术经过长期传承与实践，已经形成了独特的技术体系。

华东地区蜂王浆产业发达，蜂王浆质地滑润，味道鲜美。这一地区的蜂农注重蜂群的管理与保护，选择健康而肥壮的工蜂进行蜂王浆的采集。华东地区的蜂王浆鉴别技术也独具特色，能够准确判断蜂王浆的质量和纯度，确保产品品质。

我国地域辽阔，蜜源植物种类繁多，各地区形成了具有地域特色的蜜源。例如，河南地区的蜂蜜主产区，蜜源植物种类多、面积大、分布广、花期长。河南的蜂产业也因此得以快速发展，成为我国蜂产品产业的重要组成部分。

北方地区的土蜂蜜多由野生蜜蜂采集山野花蜜制成，口感清甜，略带苦味，色泽较深；南方地区的土蜂蜜多由野生蜜蜂采集果树花蜜制成，口感甘甜，香气浓郁。这些土蜂蜜不但口感独特，而且营养成分丰富，具有很高的保健价值。

在我国蜂产品以地域特色为主的生产格局下，各地的蜂农和企业充分利用本地资源优势，发展特色蜂产品产业。他们通过引进先进技术、加强品牌建设、拓展销售渠道等措施，不断提高蜂产品的品质和市场竞争力。同时，政府也加大了对蜂产品产业的扶持力度，推动了蜂产品产业的可持续发展和转型升级。

综上所述，我国蜂产品以地域特色为主的生产格局已经形成，并且在未来仍有很大的发展空间。随着科技的进步和市场的发展，我国蜂产品产业将继续保持蓬勃发展的势头，更多具有地域特色的优质蜂产品将走向市场，满足广大消费者的多样化需求。

3.1.3 销售阶段

随着市场经济的发展，我国蜂产品销售逐渐市场化。从最初受地域限制的自产自销，到如今的品牌化、国际化，我国蜂产品产业经历了数次销售阶段的演变，每一个阶段都有其独特的特点和变化。

3.1.3.1 初始阶段：自产自销为主

在我国蜂产品市场的初期，大多数蜂农是小规模的家庭式养殖，由于交通不便和信息闭塞，蜂产品的流通受到很大限制，蜂产品主要供家庭自己消费和当地市场销售。这一阶段的销售特点表现为地域性强、品牌意识弱、市场辐射范围有限。

3.1.3.2 起步阶段：地方品牌崭露头角

随着经济的发展和交通的改善，一些有远见的蜂农和企业开始意识到品牌的重要性。他们通过提高产品质量、加强包装宣传等方式，逐渐在地方市场建立起自己的品牌形象。这一阶段，蜂产品销售范围逐渐扩大，开始从家庭消费走向更广泛的市场。

3.1.3.3　发展阶段：全国化品牌逐渐形成

进入 21 世纪初期，我国蜂产品市场迎来了快速发展的时期。随着人们生活水平的提高和对健康生活的追求，蜂产品消费需求不断增长。一些有实力的企业开始在全国范围内布局，通过广告宣传、渠道拓展等方式提升品牌知名度。这一阶段，蜂产品的销售渠道也更加多样化，除了传统的实体店，电子商务平台的兴起也为蜂产品销售提供了新的增长点，线上平台成为蜂产品重要的销售渠道。

3.1.3.4　成熟阶段：国际化与多元化趋势明显

当前，我国蜂产品市场已经进入一个相对成熟的阶段。国内市场竞争激烈，一些领先品牌开始将目光投向国际市场，寻求更广阔的发展空间。同时，蜂产品的种类和形态也更加多元化，除了传统的蜂蜜、蜂王浆，蜂胶、蜂花粉等新产品逐渐受到消费者的青睐。

按照时间节点来划分，我国蜂产品市场发展历程如下。

起初，我国主要饲养的是中华蜜蜂，其产品以蜂蜜为主，相对单一。随着西方蜂种的引进，蜂产品种类逐渐增多。

20 世纪 90 年代之前，我国的蜂产品主要以原料形式供应给食品和制药企业，只有少部分用于零售。当时，国内市场上的瓶装蜂蜜主要在为数不多的食品店和专卖店中销售，超市这种零售模式还未在我国出现。

20 世纪 90 年代之后，尤其是 1996 年以后，超市在我国迅速发展，各种品牌的蜂蜜开始在超市中大量销售。此外，以蜂王浆为原料的滋补营养品开始流行，其中的代表性产品如北京蜂王精口服液，曾在全国范围内广受欢迎。同时，蜂花粉产品也开始在市场上畅销，一部分用于制药，另一部分则作为保健品销售。

值得注意的是，20 世纪 90 年代中期之前，我国的蜂胶主要以原料形式出口，国内市场并未销售蜂胶制品。然而，随着蜂胶研究列入国家重点科技攻关项目，蜂胶市场在我国逐步形成，蜂胶产品一直畅销至今。

然而，蜂产品市场的发展并非一帆风顺。在20世纪八九十年代，部分蜂产品曾一度火爆，但90年代后期，蜂产品市场急剧下滑。这主要是由于广告管理混乱，蜂产品功效宣传过度，消费者对产品期望过高。同时，对蜂产品的认识不成熟，以及国内蜂产品市场上存在的掺假制假现象，都使消费者有上当受骗的感觉，这为蜂产品市场带来了负面影响。

总体来说，我国蜂产品市场发展曲折，但同时充满了机遇。随着市场的不断规范和消费者对健康和环保的日益关注，蜂产品市场需求将会持续增长。同时，随着技术的进步和产业升级，我国蜂产品市场将进一步向高质量、绿色发展转型。

3.2 我国蜂产品市场的发展现状

随着经济的发展和人们健康意识的增强，我国蜂产品市场呈现蓬勃发展态势。蜂产品作为天然、健康的食品，受到广泛欢迎。

3.2.1 产品种类

我国作为拥有悠久养蜂历史的国家，蜂产品种类繁多，品质上乘，深受国内外消费者喜爱。目前，我国市场上主要的蜂产品包括蜂蜜、蜂王浆、蜂花粉、蜂胶等。

1. 蜂蜜

蜂蜜是蜜蜂采集植物的花蜜、分泌物或蜜露，与自身分泌物混合后，经充分酿造而成的天然甜物质。我国地域辽阔，植被丰富，为蜜蜂提供了丰富的蜜源。因此，我国蜂蜜种类繁多，口感各异，具有浓郁的花香和独特的口感。常见的蜂蜜品种有槐花蜜、枣花蜜、荆条蜜、荔枝蜜等。

2. 蜂王浆

蜂王浆是工蜂咽下腺和上颚腺分泌出来的、用于饲喂蜂王及幼虫的一种特殊乳浆状物质，呈乳白色或淡黄色。蜂王浆具有独特的酸辣辛涩味道，是蜂产品中营养价值很高的珍品。

3. 蜂花粉

蜂花粉是蜜蜂采集植物的花粉粒后加入花蜜和唾液混合而成的团状颗粒物。我国蜂花粉种类繁多，颜色各异，具有浓郁的芳香味。

4. 蜂胶

蜂胶是蜜蜂从植物嫩芽或树干上采集的树脂，混入其上颚腺分泌物和蜂蜡等物质，加工而成的一种具有芳香气味的固体胶状物。蜂胶具有独特的辛辣味和芳香味，富含黄酮类化合物、酚酸、酯类等多种生物活性成分。

3.2.2 市场规模

1. 蜂群数量

从蜂群数量来看，1949 年我国仅饲养 50 万群蜜蜂。随后，蜂群数量逐年增长，到了 1957 年，发展到 150 万群左右，到了 1959 年，蜂群数量达到 300 万群左右。1966—1967 年，蜂群数量保持在 400 万群左右，1981 年发展到 628 万群，1988 年全国蜂群数量为 780 万群，2000 年下降到 680 万群，2012 年发展到 820 万群左右。据智研咨询统计，2022 年，国内蜂群拥有量约为 942 万群，全球蜂群拥有量约为 10357 万群，国内蜂群约占世界蜂群总数的 9%。我国蜂群数量见图 3-1。

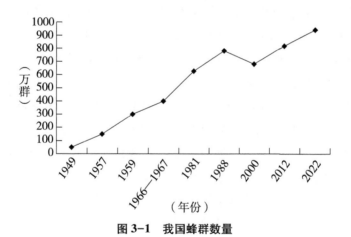

图 3-1 我国蜂群数量

2. 蜂蜜产量

从蜂蜜产量来看，1957 年约为 1 万吨，1959 年约为 1.8 万吨，1967—1977 年为 4 万~5 万吨，2005 年我国蜂蜜的产量约为 30 万吨，2008 年约为 40 万吨，2012 年约为 45 万吨，2015 年约为 50 万吨，2016 年达到 70 万吨左右。我国蜂蜜产量在 2016 年之后有所下降，2017 年约为 54 万吨，2018 年约为 45 万吨，2019—2021 年年末，我国蜂蜜产量逐渐稳定，2019 年约为 44 万吨，2020 年约为 46 万吨，2021 年约为 47 万吨，2022 年约为 46 万吨，如图 3-2 所示。

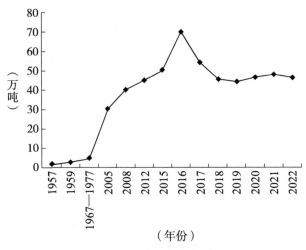

图 3-2　我国蜂蜜产量

3. 蜂王浆产量

我国自 1957 年开始试生产蜂王浆以来，由于生产技术不断提高，蜂王浆产量也不断增长。1979 年我国蜂王浆产量为 150 吨，到 1982 年增加到 400 吨，1987 年达 850 吨，1990 年为 1000 吨左右，1998 年为 1300 吨，2000 年为 2000 吨，2001 年 2400 吨左右，2002 年 2500 吨左右，2003 年产量为 3000 吨左右，2010 年产量近 4000 吨，2012 年产量为 3800 吨，2013 年总产量下降至 3000 吨左右，2014—2022 年，我国蜂王浆总产量在 3000 吨左右。我国蜂王浆的产量占世界蜂王浆总产量的 90% 以上，蜂王浆出口量约占世界蜂王浆贸易总量的 90%，这表明我国蜂王浆的生产和出口在全球市场上具有重要地位。我国蜂王浆生产技术世界领先，以占世界约 9% 的蜂群生产出占世界总产量 90% 以上的蜂王浆，为全球蜂王浆产业做出了巨大贡献。我国蜂王浆产量见图 3-3。

4. 蜂花粉产量

从蜂花粉产量来看，我国生产蜂花粉的时间可以追溯到很久以前，并且蜂花粉已成为主要的蜂产品之一。到了 20 世纪 80 年代初，第一代蜂花粉产品应运而生，例如，在北京、云南昆明、浙江杭州等地都有代表性的产品。到了 20 世纪 90 年代中期，我国开始生产第二代蜂花粉产品，主要以破壁产品为代表，并出现了多种剂型。然而，20 世纪 90 年代中期之前，我国蜂花粉的生产量和消费量均较少。随着时间的推移和养蜂业的发展，蜂花粉的产量

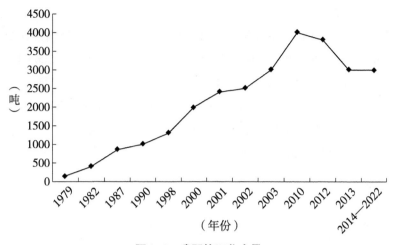

图3-3 我国蜂王浆产量

逐渐增加。例如，1996年，我国蜂花粉的年产量达到了2000吨；到了2000年，蜂花粉的年产量达2500吨；到了2005年，蜂花粉的年产量已经大幅增加到5000吨；2007年，我国蜂花粉年产量在6000~7000吨；到了2009年，我国蜂花粉年产量约为4000吨；2010年我国蜂花粉年产量大约为4000吨；2011年，我国蜂花粉年产量大约为4500吨；2012—2013年，我国蜂花粉年产量大约为6000吨；2014年，我国蜂花粉年产量增长到约8000吨；2015—2022年，我国蜂花粉年产量在4000~5000吨，如图3-4所示。

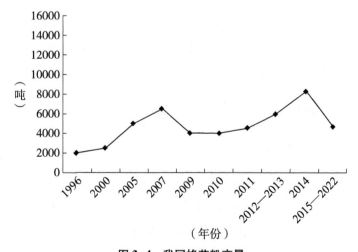

图3-4 我国蜂花粉产量

5. 蜂胶产量

我国对蜂胶的认知和研究始于 20 世纪 50 年代，蜂胶产品则是在 20 世纪 90 年代初进入市场的。2000 年，我国蜂胶产量已达 300 多吨；2005 年，我国蜂胶年产量稳定在 350 吨左右；2014—2015 年，我国蜂胶年产量提升到 450 吨左右；2016 年和 2017 年，我国蜂胶年产量分别为 600 吨和 700 吨；2017 年以来，受多种因素的叠加影响，我国蜂胶产量逐渐减少；2022 年，我国蜂胶产量为 100~200 吨，如图 3-5 所示。

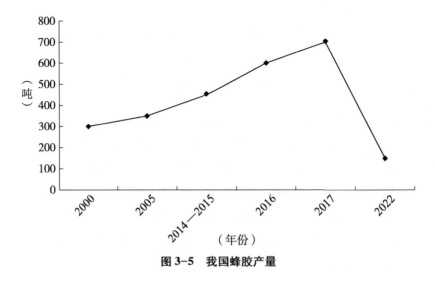

图 3-5　我国蜂胶产量

根据中研普华产业研究院统计，2021 年，我国养蜂数量和蜂产品产量已稳居世界前列，蜂蜜、蜂王浆、蜂花粉、蜂蜡、蜂胶等蜂产品总产值突破 300 亿元，我国成为全球最大的蜂产品生产国和消费国。

3.2.3　市场分布

3.2.3.1　主要产区分布

我国的蜂群分布广泛，几乎遍布全国各地，但主要产区相对集中，其中，华中、华南、华东、西南等地是主要的蜂产品生产区，进一步细化，可以说河南、四川、浙江、广东和广西等地是蜂蜜的主产区。这些地区凭借优越的自然条件和丰富的蜜源资源，为蜂产品生产提供了得天独厚的条件。

1. 华中地区

华中地区是我国的蜂产品主产区之一。这里地势平坦，气候适宜，蜜源植物丰富，为养蜂业提供了良好的条件。

2. 华南地区

华南地区气候温暖湿润，蜜源植物种类繁多，蜜蜂养殖历史悠久。这里的蜂产品以特色蜂蜜和蜂花粉为主，品质优良，深受消费者喜爱。

3. 华东地区

华东地区也是我国的蜂产品重要产区。这里气候温和，蜜源植物丰富且花期长，为蜜蜂养殖提供了有利条件。

4. 西南地区

西南地区地势复杂，气候多样，蜜源植物种类繁多。这里的蜂产品以特色蜂蜜和珍稀蜜源为主，具有独特的风味和营养价值。

3.2.3.2 消费市场分布

1. 从地域分布来看

我国蜂产品市场主要集中在东部沿海地区和一些内陆经济较发达的城市。这些地区的消费者购买力较强，对蜂产品的品质要求较高。特别是北京、上海、广州、深圳等城市，蜂产品的消费量较大，市场竞争也更为激烈。

2. 从消费层次来看

我国蜂产品市场可分为高端市场和中低端市场。高端市场主要面向追求高品质生活的消费者，他们对蜂产品的品质、口感、包装等方面都有较高的要求，愿意为高质量的蜂产品支付更高的价格。中低端市场则主要面向广大普通消费者，他们对蜂产品的价格更为敏感，更注重性价比。

3. 从消费人群来看

按划分标准的不同，我国蜂产品市场的目标消费人群可分别定位为中老年人、女性群体和注重养生的白领阶层等。中老年人由于身体机能的下降，更注重保健和养生，因此对蜂产品的需求量较大。女性群体则有美容养颜的追求，也是蜂产品的主要消费群体之一。注重养生的白领阶层则更注重蜂产品的品质和口感，对新兴蜂产品的接受度往往更高。

4. 从消费渠道来看

在城市地区，大型超市、专卖店和电商平台是蜂产品的主要销售渠道。

而在农村地区，集市和庙会等传统市场也占据一定份额。此外，随着跨境电商的兴起，越来越多的中国蜂产品开始走出国门，走向世界。

3.2.4　竞争格局

作为世界上蜂产品生产和出口大国，我国蜂产品市场呈现出多样化、激烈竞争的特点。随着养蜂业的快速发展和消费者对蜂产品认知的提高，蜂产品市场的竞争愈发激烈。我国蜂产品市场呈现出多元化竞争的格局。市场上存在大量大小不等的蜂产品企业，包括国有企业、民营企业和外资企业，这些企业规模有大有小，注册资本有多有少，还有跨界企业，它们在产品质量、品牌形象、价格和服务等方面展开激烈的竞争。尽管我国蜂产品市场上企业数量众多，但市场集中度相对较低。大部分市场份额由少数几家大型企业占据，其余市场份额则分散在众多中小企业之间。这种市场结构使市场竞争更加激烈，企业间的差异化竞争显得尤为重要。

1. 大型蜂产品企业

大型蜂产品企业凭借品牌底蕴、销售渠道和质量管理等优势，在市场中占据重要地位。这些企业通常拥有完善的产业链、先进的技术设备和强大的研发能力。它们通过品牌建设、产品创新和市场拓展等手段，不断提升自身的市场竞争力。同时，大型蜂产品企业还注重与科研机构和行业协会合作，通过科技创新推动行业的发展。大型蜂产品企业主要有江西汪氏蜜蜂园有限公司、北京百花蜂业科技发展股份公司、上海冠生园食品有限公司等。

2. 中小型蜂产品企业

我国蜂产品市场中有大量的中小型蜂产品企业，这些企业虽然规模较小，但灵活性强，能够迅速适应市场变化。这些企业通常专注于特定区域或特定产品，通过精细化的市场运作和个性化的产品服务，满足消费者的多样化需求。典型企业有四川杜氏蜂皇蜂业有限公司、河南蜜乐源养蜂专业合作社、北京京纯养蜂专业合作社等。

3. 外资企业

随着我国市场的开放和全球化进程的加速，越来越多的外资蜂产品企业进入我国市场。这些企业通常拥有先进的生产技术和管理经验，注重本土化战略和合作伙伴关系的建立。外资企业的进入，不仅为我国蜂产品市场带来了新的活力和机遇，也促进了行业的竞争和升级。例如，新西兰的 Manuka

Health、美国的 NaturaNectar 等外资品牌在我国市场上具有一定的知名度和影响力。

4. 跨界企业

还有一些跨界企业涉足蜂产品市场，如汤臣倍健、同仁堂等健康产业企业，它们凭借在健康领域的品牌影响力和渠道优势，也在蜂产品市场占据一席之地。

总体来说，我国蜂产品市场的竞争格局相对分散，市场集中度较低。虽然存在一些主要厂商，如蜂蜜生产商、蜂胶生产商和蜂王浆生产商等，但这些厂商并未占据绝对的市场份额优势。市场上还有许多小规模的生产企业，它们也在积极参与竞争，增加了市场竞争强度。

例如，在蜂蜜市场方面，我国是全球最大的蜂蜜生产国和消费国。国内蜂蜜市场品牌众多，既有大型企业，也有众多中小型企业。这些企业之间的竞争非常激烈，主要是通过价格、品质、品牌、渠道等进行竞争。

在蜂胶和蜂王浆市场方面，虽然市场规模相对较小，但竞争同样激烈。这些产品的生产商需要不断提高产品的品质和科技含量，以满足消费者的需求。同时，需要加强品牌建设和市场营销，以提高产品的知名度和美誉度。

我国蜂产品市场的竞争格局呈现出多元化、分散化的特点。随着消费者对蜂产品认知的提高和消费需求的升级，市场竞争将更加激烈。因此，蜂产品企业需要加强品牌建设、产品品质、销售渠道、市场营销等方面的工作，以提高自身的竞争力。此外，政策环境、行业标准、国际贸易等因素也将对蜂产品市场的竞争格局产生影响。企业需要密切关注市场动态和政策变化，及时调整经营策略，以适应市场的变化和发展。

3.3　我国蜂产品市场的营销现状

我国蜂产品市场是一个充满活力和机遇的市场。随着人们健康意识的增强和对天然、绿色产品的追求，蜂产品在消费者生活中的重要性逐渐提升。

3.3.1　营销环境

在市场竞争日趋激烈的环境下，了解并分析我国蜂产品市场的营销环境，对于企业和品牌的发展至关重要。

3.3.1.1 宏观环境分析

1. 政策法规环境

首先，从政策支持来看，2016 年，国务院办公厅发布《关于推动实体零售创新转型的意见》。为了进一步推动我国蜂产业发展，2018 年，我国开始实施蜂业质量提升行动，财政部每年落实资金 5000 万元，支持河南、湖北、云南等 10 个省份实施蜂业质量提升行动。2022 年开始，每年资金增加到 8000 万元。通过财政补贴、技术支持等措施，推动蜂产业的转型升级和高质量发展。同时，我国大力实施乡村振兴战略、健康中国行动、数商兴农工程、中医药振兴发展重大工程等，一系列利好政策相继出台，为提高蜂产品质量、加强品牌建设、促进蜂产业与其他产业的融合发展提供了良好的政策环境。

其次，政府针对养蜂机械设备等农机产品提供购置补贴，降低蜂农的生产成本，提高养蜂的效益和竞争力。这有助于推动蜂业机械化、智能化发展，提升蜂业生产效率和质量。

最后，政府还鼓励保险公司开发蜂业保险产品，为蜂农提供风险保障。这有助于降低蜂农的经营风险，增强蜂业生产的稳定性和可持续性。比如，北京市园林绿化局开展了一系列行动，全力推进蜂业政策性保险体系建设。

从法规标准来看，国家对蜂产品生产实行许可制度，制定了《蜂产品生产许可审查细则（2022 版）》，对蜂产品生产企业的生产条件、质量管理、产品标准等方面进行了详细规定。这有助于规范蜂产品生产行为，保障蜂产品质量安全。

为防止蜂蜜掺杂使假等违法行为，国家制定了蜂蜜真实性检测标准，对蜂蜜中的成分、含量等进行严格检测，这有助于维护蜂蜜市场的公平竞争和消费者利益。

国家对蜂产品标签进行了规范，要求标签上注明产品名称、生产日期、保质期、生产厂家等信息，这有助于消费者了解产品信息，选择合格的产品。

总的来说，我国蜂产品市场的政策支持和法规标准对该行业的发展起着重要的引导和规范作用。政策支持和法规标准是我国蜂产品市场健康发展的重要保障。政府将继续加大对蜂产业的扶持力度，推动蜂产业高质量发展；同时，也将进一步完善法规标准体系，加强市场监管，保障蜂产品质量安全和消费者利益。

2. 经济环境

在国内市场方面，随着我国经济的发展，人民收入水平逐渐提高，对于健康食品的需求逐渐增加。我国经济的持续增长，提升了消费者的购买力，为蜂产品等健康食品的市场扩张提供了动力。

在国际贸易方面，我国蜂产品市场也面临着一些挑战和机遇。一方面，由于国际市场竞争激烈，我国蜂产品出口面临着来自其他国家的竞争压力；另一方面，随着全球消费者对蜂产品认知的提高，我国蜂产品的国际市场需求也在逐步增加。一些高品质的蜂产品，如蜂蜜、蜂王浆等，在国际市场上具有较高的美誉度，受到了消费者的欢迎。

3. 社会文化环境

在健康意识方面，近年来，随着生活水平的提高和健康知识的普及，我国消费者的健康意识显著增强。蜂产品，特别是蜂蜜、蜂胶、蜂王浆等，因其天然、营养的特性，受到了越来越多消费者的青睐。消费者更倾向于选择无添加、高品质、有机认证的蜂产品，以满足日常营养需求。此外，健康意识的增强，还体现在消费者对蜂产品功能认知的提高上。

在文化方面，我国蜂产品文化是中国传统文化的重要组成部分，具有独特的历史、文学、艺术、民俗和产业价值。我国是世界上较早饲养蜜蜂和制作蜂蜜的国家之一。在数千年的历史长河中，我国人民积累了丰富的养蜂经验和蜂产品加工技术，形成了独特的蜂产品文化。在我国古代文学作品中，蜂蜜经常被用来象征美好、甜蜜和幸福。同时，蜂产品也常被用作绘画、雕塑等艺术作品的创作题材，展现出独特的艺术魅力。在我国许多地区，蜂产品与当地民俗和信仰紧密相联。例如，在一些地方，人们会在特定的节日或仪式上食用蜂蜜或蜂蜡制品，以祈求吉祥、健康和丰收。我国蜂产品文化在国际交流中也发挥着重要作用。通过与其他国家的交流与合作，我国蜂产品得以走出国门、走向世界，为更多消费者所认识和喜爱。

在人口结构方面，我国的人口结构变化对蜂产品市场也产生了深远影响。一方面，随着老龄化进程的加速，中老年人口比例不断增加。这部分人群对健康食品有着较高的需求，蜂产品成为他们的首选。另一方面，年轻消费群体的崛起也为蜂产品市场带来了新的机遇。与老一辈消费者相比，年轻消费者更加注重产品的品质、口感和包装设计，他们更倾向于选择个性化、时尚化的蜂产品，以满足自己的消费需求。

4. 科学技术环境

在科技创新方面，我国蜂产品行业注重研发和创新，不断引入新技术、新工艺和新设备，以提高蜂产品的生产效率和质量。例如，一些企业采用先进的养蜂技术和蜂病防治手段，确保蜜蜂的健康和蜂产品的安全。同时，蜂产品的深加工技术也得到了发展，如蜂蜜酒、蜂胶软胶囊等新型蜂产品不断涌现，满足了消费者的多样化需求。

在互联网营销方面，我国蜂产品企业积极拥抱互联网，利用电商平台、社交媒体等线上渠道进行品牌推广和销售。通过互联网营销，蜂产品企业可以更加精准地定位目标客户群体，实现个性化营销和定制化服务。同时，互联网营销还降低了销售成本，提高了销售效率，为企业带来了更多的商业机会。

5. 生态环境

从生态保护的角度来看，蜜蜂作为生态系统中的重要组成部分，对于维护生物多样性和植物授粉起着至关重要的作用。然而，随着环境污染和生态破坏的加剧，蜜蜂的生存环境受到了严重威胁。为了保护蜜蜂和蜂产品产业的可持续发展，我国政府采取了一系列措施来加强生态保护，包括加强蜜源植物保护、划定蜜蜂保护区、推广生态养殖技术等。这些措施的实施有助于改善蜜蜂的生存环境，提高蜂产品的品质和产量。

气候变化对蜂产品产业也产生了深远的影响。全球气候变暖导致植物生长周期改变，出现花期提前或延长等现象，这对蜜蜂的采蜜活动和蜂产品的产量都带来了不确定性影响。为了应对气候变化带来的挑战，我国蜂产品产业需要加强气候变化监测和预警体系建设，及时掌握气候变化对蜜蜂和蜂产品的影响，并采取相应的应对措施。例如，通过调整养蜂场的布局和采蜜计划来适应植物花期的变化，或者研发和推广抗逆性强的蜜蜂品种等。此外，我国政府还积极推动绿色发展和低碳经济建设，以减少温室气体排放对气候变化的影响，这也为蜂产品产业提供了发展机遇。蜂产品企业可以积极响应国家政策，采用清洁能源和环保技术来生产，降低碳排放量，同时加强蜂产品的绿色认证和品牌建设，提高产品的市场竞争力。

3.3.1.2 微观环境分析

1. 市场结构

（1）产品多样化

·多种蜂产品：我国市场上存在多种蜂产品，如蜂蜜、蜂胶、蜂王浆、蜂花粉等。这些产品各有其独特的营养价值和功能，满足了消费者多样化的需求。

·不同来源和类型：蜂产品还可以根据其来源和类型进一步细分。例如，蜂蜜可以根据蜜源植物的不同分为槐花蜜、枣花蜜、荔枝蜜等；蜂胶和蜂王浆也可以根据提取方法和纯度不同分为不同的等级和类型。

·加工和包装创新：为了满足消费者的不同需求和偏好，蜂产品企业还推出了各种加工和包装创新的产品，如蜂蜜酒、蜂蜜面膜、蜂胶软胶囊等。

（2）价格层次化

·品质差异导致的价格差异：蜂产品的价格因其品质、产地等因素而有所不同。高品质的蜂产品往往价格较高，低品质或掺杂其他成分的产品则价格较低。

·品牌定位和市场策略：不同的蜂产品品牌根据其市场定位和目标消费群体制定了不同的价格策略。高端品牌往往注重产品质量和品牌形象，定价较高；大众品牌则更注重性价比和市场占有率，定价相对较低。

·销售渠道和成本：蜂产品的销售渠道也会影响其价格。线上销售通常可以降低中间环节的成本，使产品价格更具竞争力；线下实体店则需要考虑租金、人员等成本，价格可能相对较高。

·市场供求关系：蜂产品的价格还受市场供求关系的影响。当市场需求大于供应时，价格可能上涨；反之，当供应大于需求时，价格可能下降。

2. 消费者行为

我国消费者购买的蜂产品动机多样化，信息获取方式也随着科技的发展而不断丰富。

（1）购买动机

·礼品赠送：在我国文化中，蜂产品（特别是蜂蜜和蜂王浆）常被视为高品质的礼品，适合送给亲友或商业伙伴。因此，节假日或特殊场合蜂产品的销量往往会上升。

·尝鲜和好奇：随着消费者对蜂产品认知的提升，一些新颖的蜂产品（如蜂花粉、蜂毒等）引起了消费者的兴趣。消费者可能出于尝鲜或好奇的心理购买这些产品。

·宗教信仰或传统习俗：在某些地区或宗教群体中，蜂产品可能具有特殊的宗教或文化意义，因此，购买蜂产品也可能与这些信仰或习俗有关。

（2）信息获取方式

·亲朋好友推荐：在我国社会，口碑传播是一种非常有效的信息获取方式。消费者往往会向亲朋好友咨询蜂产品的购买建议，并会受到他们的影响。

·电商平台和社交媒体：随着互联网的普及，越来越多的消费者通过电商平台（如淘宝、京东等）、社交媒体（如微信、微博等）获取蜂产品的信息。消费者可以在这些平台上查看产品详情、用户评价，进行价格比较等。

·电视、广播和报纸杂志：尽管传统媒体的影响力在逐渐减弱，但电视广告、广播节目和报纸杂志仍然是一些消费者获取蜂产品信息的重要途径。

·专业展会和研讨会：对于蜂产品的专业消费者或行业从业者来说，参加蜂产品相关的展会和研讨会是一个获取最新产品信息和行业动态的好方法。

·实体店咨询：虽然线上购物越来越普遍，但许多消费者仍然喜欢在实体店购买蜂产品。他们可能在店内直接咨询销售员或查看产品实物，以获取更直观的信息。

3.3.2 消费者需求

我国虽是蜂蜜消费大国，但人均蜂蜜消费量与发达国家还有较大差距。截至 2022 年年底，我国蜂蜜人均消费量在 200 克左右，美国人均蜂蜜消费量在 500 克左右，德国人均蜂蜜消费量在 1000 克左右，这说明我国的蜂蜜市场仍有较大的潜力和发展空间。

近年来，随着人们生活水平的提高和对健康饮食的日益关注，蜂产品因其独特的营养价值而备受青睐，人们对蜂产品的需求也从单纯的食品消费向其他领域拓展。消费者对蜂产品的需求呈现出多样化、个性化的特点，我国的蜂产品市场正在进入"细分化"的阶段。

不同年龄、性别和地域的消费者对蜂产品的需求和偏好存在差异。例如，年轻人更倾向于口感好、方便食用的蜂产品，如蜂蜜饮料、蜂蜜果冻等；中老年人则更注重蜂产品的营养功能，如蜂胶、蜂王浆等。同时，随着消费者健康意识的增强，他们对蜂产品品质、安全和卫生等方面的要求也越来越高。

同时，我国蜂产品消费需求也存在一定的地区差异。我国地域辽阔，不同地区的气候、文化和经济发展水平存在较大差异，这导致了我国蜂产品消费需求的地区性差异。一般来说，东部沿海地区经济发达，消费水平较高，对高品质蜂产品的需求更为旺盛；中西部地区则更注重蜂产品的实用性和性价比。此外，不同地区的消费者对蜂产品的品种和功效也有不同的偏好和需求。

1. 蜂蜜的消费需求

蜂蜜作为蜂产品市场的主力军，其消费一直保持着较高的增长率。蜂蜜作为传统的蜂产品，在我国市场具有旺盛的生命力，具有广泛的消费群体和稳定的市场需求。同时，随着消费者对蜂蜜品质要求的提高，高品质蜂蜜的市场份额也在逐步提升。

从消费人群来看，蜂蜜消费者主要集中为 30 岁以上的中青年群体，这部分消费者有一定的经济实力和健康意识，更加注重自己和家人的健康。他们通常会选择品质优良、口感纯正的蜂蜜产品，以满足日常需求。此外，女性消费者对蜂蜜也有着较高的关注度，因此，蜂蜜在女性消费者市场具有较大的潜力。

从消费地区来看，蜂蜜消费者主要分布在一线和二线城市，其中一线城市的消费者占比较大。这些地区经济发展水平较高，人们的消费能力和健康意识相对较强，因此对高品质蜂蜜的需求也更为旺盛。同时，随着电商平台的快速发展，线上购买蜂蜜的消费者数量不断增加，为蜂蜜市场的拓展提供了新的渠道。

2. 蜂王浆的消费需求

蜂王浆是一种高级蜂产品，虽然其价格相对较高，但是受到越来越多消费者的青睐。据统计，近年来我国蜂王浆市场规模逐年扩大，消费群体主要为中老年人或高收入人群。这两类消费者对蜂王浆有着较高的认可度，愿意为其支付更高的价格。

从消费地区来看，蜂王浆的消费需求主要集中在经济发达的大中城市。这些地区的消费者更加注重生活品质和健康养生，因此对高品质蜂王浆的需求也更为旺盛。同时，随着人们对蜂王浆认知度的提高，预计未来蜂王浆市场将迎来更加广阔的发展空间。

3. 蜂胶的消费需求

近年来我国市场上蜂胶产品消费需求呈现出快速增长的态势。据统计，我国蜂胶市场规模逐年扩大，蜂胶消费群体主要集中为中老年人或有特定需求的人群。这两类消费者对蜂胶有着较高的认可度。

从消费地区来看，蜂胶的消费需求也主要集中在经济发达的大中城市。这些地区的消费者更加注重生活品质，因此对高品质蜂胶的需求也更为旺盛。同时，随着人们对蜂胶认知度的提高，预计未来蜂胶市场将继续保持快速增长的态势。

4. 蜂花粉的消费需求

蜂花粉富含多种营养成分，目前受到越来越多人的青睐。随着人们对健康问题的日益关注和消费水平的日益提高，蜂花粉的消费需求呈现出不断增长的趋势。

从目标消费人群不同的定位来看，中老年人、亚健康人群、爱美人士以及有特殊需求人群等都是蜂花粉的主要消费群体。

从消费地区来看，经济发达地区对蜂花粉的需求量较大，经济相对落后地区则对蜂花粉的需求量较小。此外，随着电商平台的快速发展和物流体系的不断完善，线上购买蜂花粉的消费者数量不断增加，这为蜂花粉市场的拓展提供了新的渠道和机遇。

我国蜂产品的消费需求呈现出多样性、地区性和层次性的特点。随着人们生活水平的提高，蜂产品的市场前景十分广阔。未来，我国蜂产品行业应继续加强品质管理、创新产品种类和拓展销售渠道，以满足不同消费者的多元化需求。同时，政府和企业也应加大对蜂产品科研和宣传的投入力度，推动我国蜂产品产业持续健康发展。

3.3.3 产品品质

品质是消费者购买蜂产品的核心要素之一。目前，市场上蜂产品质量参差不齐，一些不良商家为了追求利润，采用劣质原料或添加化学物质，严重损害了消费者的利益。因此，许多消费者在购买蜂产品时，更倾向于选择有品质保证的商家。为了赢得消费者的信任和忠诚度，许多企业不断加强品质管理，提高产品品质和安全性。

1. 蜂蜜品质数据

根据农业农村部蜂产品质量监督检验测试中心的数据，近年来我国蜂蜜的品质合格率逐年提升。其中，优质蜂蜜的占比也在逐年增加。这些优质蜂蜜主要来自大型蜂产品企业和知名品牌，它们注重原料的选择和生产工艺的改进，确保产品的品质和安全。

此外，一些研究机构也对蜂蜜的品质进行了深入研究，有研究表明，我国蜂蜜中的葡萄糖和果糖含量较高，且酚类化合物、黄酮类化合物等抗氧化物质的含量也较高，这些成分对人体健康具有积极作用。

2. 蜂王浆品质数据

蜂王浆是蜜蜂分泌的一种特殊物质，具有一定的营养价值和保健功能。根据中国蜂产品协会的数据，我国蜂王浆的产量和品质均居世界前列。其中，一些知名品牌的蜂王浆产品更是以其高品质和独特口感赢得了消费者的青睐。

在蜂王浆的品质评价方面，通常包括感官指标、理化指标和微生物指标等多个方面。有研究表明，我国蜂王浆在这些指标上均表现出较好的品质。例如，蜂王浆中的蛋白质、氨基酸、维生素等营养成分含量丰富，且微生物指标符合国家相关标准。

3. 蜂胶品质数据

蜂胶是蜜蜂从植物芽孢或树皮上采集的树脂类物质。纯天然蜂胶市场在过去几年内快速增长，预计未来几年内纯天然蜂胶市场仍将保持稳定增长的趋势。科技进步和工艺改进提高了蜂胶的提取效率、纯度和品质。

在蜂胶的品质评价方面，主要关注黄酮类化合物的含量和种类。有研究表明，我国蜂胶中的黄酮类化合物含量较高，且种类丰富。这些黄酮类化合物对人体健康具有多种有益功能。

4. 蜂花粉品质数据

蜂花粉是蜜蜂采蜜时带回的花粉团，这些花粉团在蜂巢内经过储藏和发酵便形成我们所说的蜂花粉。

在蜂花粉的品质评价方面，人们主要关注其营养成分、活性物质含量和种类以及微生物指标等方面。其中，营养成分包括蛋白质、脂肪、碳水化合物、维生素和矿物质等，这些成分的含量和比例是衡量蜂花粉品质的重要指标。活性物质如黄酮类化合物、酚酸、酶类等，也是评价蜂花粉品质的重要依据。此外，蜂花粉中的微生物指标也是评价其品质的重要因素之一。优质的蜂花粉应该无大肠菌群、霉菌和酵母菌等有害微生物的污染。为了确保蜂花粉的品质和安全，生产者和消费者都要关注这些微生物指标，并采取相应的措施对其加以控制。

3.3.4 价格定位

价格是影响消费者购买决策的重要因素之一。蜂产品价格因产品种类、品质和品牌而异。一般来说，高品质、大品牌的蜂产品价格相对较高，但也有一些平价品牌在市场上获得了消费者的青睐。为了抢占市场份额，一些企业采取低价策略，但过低的价格也可能引发消费者对产品品质和安全性的担忧。因此，合理的价格定位对于企业占领市场至关重要。

1. 高端市场

高品质、高纯度的蜂产品，如天然蜂胶、珍稀蜜源地的蜂蜜，往往定位于高端市场。这些产品通常采用先进的生产工艺，保留了蜂产品的天然营养成分和活性物质，因此价格较高。知名品牌、有机认证以及特殊市场定位（如土特产或生态蜂蜜）的产品也更容易获得消费者的信任，从而拥有更大的溢价空间。

2. 中端市场

尽管一些常见蜂产品有高端化的趋势，但仍有一部分产品定位于中端市场，价格相对亲民，满足广大消费者的日常需求。中端市场竞争激烈，因此品牌、口感、包装等因素成为影响价格的重要因素。

3. 低端市场

一些低端蜂产品可能采用较为简单的生产工艺或混合其他成分以降低成本。这些产品通常价格较低，但品质和纯度可能无法与高端产品和中端产品相媲美。低端市场主要针对的是对价格敏感的消费者群体。

需要注意的是，以上价格定位仅是一种概括性描述，并不代表所有蜂产品的具体价格水平。实际上，蜂产品价格还可能受到地域、销售渠道、季节性供应等因素的影响。例如，某些地区的蜜源较为稀缺，可能导致当地蜂产品的价格相对较高。同时，随着电子商务和直销等新型销售渠道的兴起，蜂产品的价格也可能因渠道成本的不同而有所差异。

3.3.5 品牌建设

品牌是影响消费者购买决策的重要因素之一。在蜂产品市场上，知名品牌具有良好的口碑和较高的市场份额。我国蜂产品主要品牌有汪氏蜜蜂园、百花牌、冠生园蜂制品、蜂之语、森蜂园、颐寿园、宝生园、明园、老山、春皇等。此外，还有一些其他品牌，如知蜂堂、华林、慈蜂堂、老蜂农、等蜂来、同仁堂、融氏王等，也在蜂产品市场中占有一定的份额。这些品牌各具特色，通过不同的产品定位和营销策略来满足消费者的多样化需求，通过多年的品质保障和品牌传播，赢得了消费者的信任和忠诚。然而，大多数蜂产品品牌在市场上仍然缺乏知名度和影响力。为了提升品牌知名度和美誉度，许多企业加大品牌建设和宣传力度，通过广告、促销、社交媒体等多种渠道进行传播推广。

3.3.6　营销策略

3.3.6.1　产品策略

我国各大品牌蜂产品企业在产品营销策略上采用了多种方式，以满足不同消费者的需求和提升市场竞争力。

1. 产品差异化

蜂产品的差异化主要体现在蜜源、产品形态、加工方式、品牌定位和包装等方面。这些差异化因素使蜂产品市场呈现出多样化的竞争格局，为消费者提供了更多的选择。

（1）蜜源差异化

不同的蜜源植物会产生不同口感、颜色和香气的蜂蜜。例如，槐花蜜色泽清浅、口感清香，枣花蜜则颜色较深、味道浓郁。这种蜜源差异化使每种蜂蜜都具有独特的风味和特点，可以满足消费者的不同需求。

例如，北京密云冯家峪镇蜂蜜企业，就强调原始蜂种、原始森林、原始放养、原始采蜜和原始营养五大原始战略。专注于中华蜜蜂和原始森林蜜源，为消费者提供了独特、高品质的产品体验。

（2）产品形态差异化

蜂产品除了常见的液态蜂蜜，还有蜂花粉、蜂王浆、蜂胶、蜂蜡等多种形态。这些产品形态使蜂产品具有更广泛的应用场景和用途。

除此之外，蜂产品企业还不断推出创新的产品形态，如蜂蜜糖果、蜂蜜饮料等，以满足消费者对蜂产品的多样化需求。比如，百花推出了蜂蜜水这一新产品，并在前期试销中获得了消费者的好评。

（3）加工方式差异化

蜂产品的加工方式也会影响其差异化。一些品牌采用传统的加工方式，如自然酿造、手工过滤等，以保留蜂蜜的原始风味和营养价值；有一些品牌则采用现代科技手段，如低温浓缩、超滤等，以提高产品的纯度。加工方式的差异化，使消费者可以根据个人喜好和需求选择适合自己的蜂产品。

（4）品牌定位差异化

不同的蜂产品品牌在市场定位上也存在差异。一些品牌注重高端市场，强调产品的品质和独特性；另一些品牌则更注重大众市场，追求性价比和普及度。这种品牌定位的差异化，使消费者可以根据自己的消费能力和需求选择适合自己的品牌。

（5）包装差异化

蜂产品的包装也是差异化的一个重要方面。不同的品牌会采用不同的包装材料和设计风格，以突出产品的特点和品牌形象。例如，一些品牌会采用精美的玻璃瓶或陶瓷壶来包装蜂蜜，以提升产品的档次和质感；一些品牌则更注重环保和便携性，采用轻便的 PET 塑料瓶或纸盒包装。

2. 独特卖点

蜂产品的独特卖点主要体现在其天然性、营养价值和多功能性等方面。

（1）天然性

蜂产品是大自然的馈赠，其生产过程不需要添加任何化学物质，因此具有极强的天然性。例如，蜂蜜是蜜蜂采集植物的花蜜或分泌物，经过充分酿造而储藏在蜂房内的甜物质，它富含葡萄糖、果糖、维生素、矿物质和活性酶等营养成分，这些都是人体所需的天然营养物质。

（2）营养价值

蜂产品具有很高的营养价值，可以满足人体对多种营养物质的需求。例如，蜂王浆是蜜蜂幼虫的食物，含有蛋白质、脂肪、糖类、维生素、矿物质和多种氨基酸等营养成分。

（3）多功能性

蜂产品不仅具有食用价值，还具有美容养颜等多种功能。

3.3.6.2　定价策略

我国各大品牌蜂产品企业常常采用多种定价策略以适应市场需求和提升

竞争力。这些策略包括成本加成定价、竞争导向定价、市场导向定价和价值定价等。

1. 成本加成定价

成本加成定价是指蜂产品企业在确定产品成本后，加上一定的利润比例来确定销售价格。这种定价方式简单易行，能够确保企业获得预期的利润。例如，某蜂产品企业生产的蜂蜜成本为 50 元/瓶，加上 30% 的利润，即售价为 65 元/瓶。

2. 竞争导向定价

竞争导向定价是指蜂产品企业根据竞争对手的产品价格来确定自身产品的价格。这种策略常用于市场竞争激烈的情况，以保持或提升市场份额。例如，在某一地区，如果主要竞争对手的蜂产品售价为 70 元/瓶，某蜂产品企业可能会将其蜂产品定价为 68 元/瓶，以吸引消费者。

3. 市场导向定价

市场导向定价是指蜂产品企业根据市场需求和消费者心理预期来确定价格。这种方式需要企业对市场有深入的了解和判断。例如，某高端蜂产品品牌通过市场调查，发现消费者对于高品质、有机、无添加的蜂蜜产品愿意支付更高的价格，因此该品牌将其蜂产品定价为 200 元/瓶，以满足这部分消费者的需求。

4. 价值定价

价值定价是指蜂产品企业根据产品的独特价值和优势来定价，强调产品的性价比。这种方式需要企业有明确的产品定位和品牌形象。例如，某蜂产品企业生产的蜂蜜具有独特的口感，因此该企业将蜂产品定价为 100 元/瓶，强调其高品质。

3.3.6.3　渠道策略

我国各大品牌蜂产品企业在渠道策略上采用了多种方式以适应市场需求和提升销售效果。这些策略包括传统零售渠道、网络销售渠道、跨界合作与共赢等。不同的蜂产品企业根据自身的市场定位和发展目标选择适合的渠道策略进行市场拓展。

1. 传统零售渠道

许多蜂产品企业仍然很重视传统零售渠道，如超市、商场等。这些渠道对于消费者来说较为熟悉和便捷，蜂产品通过这些渠道销售可以提高曝光率和增强购买便利性。例如，百花等知名品牌在大型超市设有专柜，供消费者选择和购买。

2. 网络销售渠道

随着电子商务的快速发展，网络销售渠道已成为蜂产品企业不可或缺的重要销售渠道。通过网络平台，蜂产品企业可以覆盖更广泛的消费者群体，降低销售成本，为消费者提供更加多样化的购买选择。例如，百花、冠生园等品牌在天猫、京东等电商平台设有官方旗舰店，消费者可以在线购买并享受相应的优惠和服务。蜂产品企业通过在微信、微博等社交媒体平台建立官方账号，发布产品信息、健康知识和促销活动等内容，与消费者进行互动。同时，利用直播带货的形式，邀请知名主播或专家进行产品推介和销售，提高产品的知名度和购买转化率。例如，一些蜂产品企业会与明星合作，在抖音、快手等平台进行直播带货活动。

3. 跨界合作与共赢

跨界合作是蜂产品企业拓展渠道和提升品牌曝光度的一种有效方式。通过与不同行业的企业或品牌进行合作，蜂产品企业可以共享彼此的资源和市场优势，实现互利共赢。例如，蜂产品企业可以与旅游景区、酒店、餐饮等行业进行合作，推出联合促销活动或定制产品，吸引更多消费者的关注和购买。

4. 私人订制与会员制度

蜂产品企业也会推出会员制度，为消费者提供专属优惠和个性化服务。同时，也提供私人订制蜂蜜的服务，客户可以根据自己的口味和需求，选择特定的蜂蜜种类和包装方式。私人订制和会员制度，不仅能够满足不同客户的需求，还能提升客户的忠诚度，增强消费者购买黏性。

5. 体验式营销与健康教育结合

一些蜂产品企业会组织消费者到企业蜜源地参观和体验，了解蜜蜂的养殖、蜂蜜的采集和生产过程，同时，在现场设置品鉴环节，让消费者亲自品尝蜂蜜的味道，感受其品质。体验式营销和健康教育的结合，不仅能够让消费者更直观地了解产品的品质和优势，还能提升消费者对品牌的认知和信任度。

3.4 我国蜂产品市场的国际竞争力分析

我国蜂产品市场的国际竞争力分析可以从多个维度进行，包括产业规模、产品质量、品牌建设、国际贸易等方面。

3.4.1 产业规模

我国是世界上很大的蜂产品生产国和消费国之一。随着人们健康意识的增强，蜂产品作为天然、健康、营养的食品，受到越来越多消费者的青睐。近年来，我国蜂产品市场规模不断扩大，已成为全球最大的蜂产品市场之一。这种规模优势，为我国蜂产品在国际市场上占据一定份额提供了有力支撑。

3.4.2 产品质量

蜂产品的质量是决定其国际竞争力的关键因素之一。我国蜂产品在品质上确实面临一定的挑战，如部分蜂农使用抗生素、喂食饲料或糖类物质、收取未成熟的水蜜等不好的习惯或做法，都可能影响蜂产品的营养成分和品质。尽管存在这些问题，但我国蜂产品在出口方面仍然展示出了体制优势、产品结构优势和价格优势，我国蜂产品在国际市场上保持了一定的竞争力。要想进一步提升国际竞争力，解决产品质量问题是关键，包括加强质量监管、推动养殖方法的改进等。

3.4.3 品牌建设

品牌是企业在国际市场上的重要竞争力。我国蜂产品企业在品牌建设方面取得了一定进展，形成了一些知名品牌，如"汪氏蜜蜂园""百花牌"等。这些品牌在国内外市场上具有一定的影响力和美誉度，为我国蜂产品的国际竞争提供了有力支持。然而，我国蜂产品品牌在知名度、品牌价值等方面与国际知名品牌相比仍有差距，需要进一步加强品牌建设和推广。

3.4.4 国际贸易

我国蜂产品在国际贸易中占据一定地位，出口量居世界前列。然而，在国际贸易中，我国蜂产品也面临一些挑战，如贸易壁垒、技术壁垒等。一些国家对我国蜂产品设置了严格的检验检疫标准和认证要求，这无疑提高了我国蜂产品进入国际市场的难度。因此，加强国际贸易合作、提高产品质量和安全性、积极应对贸易壁垒，是我国蜂产品提升国际竞争力的重要举措。

综上所述，我国蜂产品市场在国际竞争中虽具有一定的优势，但也面临一些挑战。为了进一步提升国际竞争力，我国蜂产品企业需要加强产品质量监管、推进品牌建设、拓展国际贸易合作等。同时，政府和企业也应积极采取措施，支持蜂产业的发展和创新，以为我国蜂产品在国际市场上赢得更多的发展机会和优势。

4 北京市蜂产品市场发展研究

4.1 北京市蜂产业发展基本情况

北京市饲养蜜蜂的历史非常悠久，最早，北京市饲养的蜜蜂品种是中华蜜蜂。20世纪初，我国引进了西方蜜蜂，并逐渐在北京市推广开来。值得一提的是，1917年，北京市农事试验场的张德田引进了意大利蜂，并在北京市推广了新法养蜂技术。这使北京市的养蜂业有了新的发展。

此外，据记载，密云区的蜂产业最早可以追溯到300多年前，当时乾隆皇帝在品尝了密云的蜂蜜后大加赞赏，将其命名为"琥珀蜜"。20世纪初期，密云区已经有农民引进并繁殖、饲养意大利蜂种。

截至2023年5月底，北京市的蜜蜂饲养量达到25.8万群，其中，西方蜜蜂占主导地位，有24.1万群，中华蜜蜂则有1.7万群。在北京市的各区中，密云区的蜂群数量尤为突出，占全市蜂群总量的51.5%，密云区因此被誉为"北京市养蜂第一大区"。

4.1.1 饲养规模及养蜂模式

北京市养蜂业有一定的饲养规模，且具有多样化特点。

北京市养蜂业目前采用的4种模式各具特色，反映了养蜂业在不同需求和环境下的灵活性和多样性。

1. 以传统的定地加小转地模式为主

此种模式以生产普通蜂蜜为主。虽然养蜂人员相对轻松，但是受活动区域限制，高度依赖气候条件，存在靠天吃饭等问题，蜂农由于每年产蜜丰歉不同而收入不稳定，波动幅度较大。这种模式的养蜂人员可能更需要关注气候变化，以便及时调整养蜂策略，减少损失。

2. 以生产成熟蜂蜜和巢蜜等高端产品为主

此种模式结合农家乐等旅游元素，不仅提高了养蜂业的附加值，还有助于提升知名度、增强吸引力。在这种模式下，养蜂人员需要更加注重产品质量和品牌形象的建设，同时要关注旅游市场的动态变化。目前密云等区正在走这条路，只要气候和蜜源条件适宜，蜂农收入有一定保证。采用这种模式，需要注意的是越冬蜂的繁殖和饲料的投入。

3. 以蜜蜂授粉为主、生产为辅的养蜂模式

此种模式既有利于农业生产，也为养蜂业带来了稳定的收入，且收入比较高。然而，这种模式下养蜂人员需要掌握更多的农业知识，了解不同作物的授粉需求，以便提供更有效的授粉服务。同时，需解决蜜蜂秋繁和春繁的问题。

4. 常年转地放蜂模式

此种模式通过在全国范围内寻找最佳的蜜源，从而确保蜂蜜的产量和质量。这种模式需要养蜂人员具备较强的组织协调能力，并要对各地气候、蜜源条件有深入的了解。

4.1.2 养蜂户数、合作组织和专业化蜂产业基地

截至 2023 年 5 月初，北京市有 4500 户养蜂户。其中，密云区的蜂农数量尤为突出，在 2023 年年末达到 2144 户。

截至 2023 年 5 月初，北京市成立了 64 家蜂业合作组织，如北京奥金达蜂产品专业合作社、北京京纯养蜂专业合作社等。这些合作社在推动北京市蜂产业发展、提供高质量蜂产品以及满足市场需求等方面都发挥了重要作用，促进了养蜂业的专业化和规模化，提高了蜂产品的质量和市场竞争力。

截至 2023 年 5 月初，北京市目前已经建成了 60 个专业化蜂产业基地，这些基地包括国家级安全蜂产品标准化示范基地、无公害蜂产品生产基地、蜜蜂健康养殖示范基地、蜂产品可溯源监控技术示范基地等多种类型，致力于引进优良蜂种，推广富硒蜜、自流蜜、巢蜜等新技术。

4.1.3 蜂产品产量与产值

截至 2023 年 5 月初，北京市的蜂产品原料年产量约为 563 万千克，养蜂年总产值约为 1.2 亿元。根据 2023 年 10 月 15 日新京报《北京密云举办第五届中华蜂割蜜节 全区蜂产业年产值超 1.4 亿》报道，密云蜂产业年产值超 1.4 亿元，蜜蜂为全区农作物授粉，直接促进果蔬增产效益超过 8.5 亿元，蜂

产业的生态效益及经济效益凸显。蜜蜂饲养业在北京市农业经济中占有一定的地位，为农民提供了一定的收入来源。

4.1.4 就业与农民收入

截至 2023 年 5 月初，北京市蜜蜂饲养业直接带动了 2.5 万农民就业，户均收入达到 2.6 万元。蜜蜂饲养业不仅提供了就业机会，还为农民提供了可持续的收入来源。

4.1.5 蜂产品加工与品牌

截至 2023 年 5 月初，北京市以蜂产品产销加工为主的第二产业初具规模。该产业拥有 42 家蜂业龙头企业和 40 余个蜂产品品牌，生产了蜂蜜、蜂王浆、蜂花粉、蜂胶等十大类 1000 余个蜂产品品种。这些蜂产品的加工年产值已经超过 12 亿元。

蜂产品产销加工过程中，培育出多个国内知名品牌，如百花、颐寿园、天宝康、华林、花彤、京密等，这些品牌在市场上具有较高的知名度和美誉度，进一步推动了我国蜂产业发展。其中，北京百花蜂业科技发展股份公司作为中华老字号和非物质文化遗产，具有深厚的历史和文化底蕴。颐寿园（北京）蜂产品有限公司也是一家集蜂产品研发、生产、销售、服务于一体的科技型企业，是北京市著名商标和全国蜂产品行业的龙头企业之一。

同时，北京市的蜂产业在以授粉服务和文旅休闲为主的第三产业发展方面取得了显著成效。

4.1.6 发展授粉服务

北京市成立了多支蜜蜂授粉专业队，这些队伍为番茄、蓝莓、草莓、西瓜、樱桃、冬枣等多种农作物提供授粉服务。这不仅提高了农作物的产量，还促进了生态农业的发展。

通过蜜蜂授粉，农作物的平均增产率稳步提升，授粉年产值再创新高。这充分证明了蜜蜂授粉在农业生产中的重要性和经济价值。

4.1.7 文旅休闲与蜜蜂科普相结合

北京市建有多家蜜蜂科普场所，如密云的蜜蜂大世界、蜜蜂生态科普馆，以及顺义的中国蜜蜂授粉博物馆等。这些场所不仅为市民提供了了解蜜蜂和蜂产品的机会，还成了亲近自然、体验生态的"打卡"胜地。

通过这些科普场所，市民可以参与各种与蜜蜂相关的文旅活动，如观察蜜蜂采蜜、制作蜂蜜等，进一步提升了公众对蜜蜂和蜂产业的认知等。

4.1.8 一、二、三产业融合发展

北京市的蜂产业已经初步形成了具有本地特色的一、二、三产业融合发展的态势。第一产业（农业）中的蜜蜂饲养，提供了原料蜜和其他蜂产品；第二产业（工业）中的蜂产品加工，将原料加工成各种蜂产品，以满足市场需求；第三产业（服务业）中的授粉服务和文旅休闲活动，则进一步拓展了蜂产业的产业链和价值链。

北京市蜂产业促进了授粉服务、文旅休闲等第三产业的迅速发展以及一、二、三产业的融合发展，展现了蜂产业多元化、生态化和创新性的发展特点。这种融合发展的模式，不仅提高了蜂产业的整体效益和竞争力，还为北京市的农业转型升级和乡村振兴战略的实施提供了新的动力和路径。

4.2 北京市发展蜂产业的主要做法

4.2.1 强化顶层设计

近年来，北京市在蜂产业发展上展现出坚定的决心和系统的规划。通过统筹规划和高位推动，强化顶层设计，市区两级政府齐发力，为蜂产业谋划了全新的发展路径。一系列政策文件和行动计划的出台，不仅为产业发展明确了目标任务、重点工作和责任分工，还为产业的健康发展提供了有力的政策保障。

1. 政策引领，明确方向

2018年起，北京市相继印发了《北京市蜂业种业发展规划》（以下简称《规划》）和《北京市蜂产业精准扶贫行动计划》（以下简称《行动计划》）。这两份文件不仅明确了蜂产业发展的总体方向和具体目标，还提出了详细的实施步骤和保障措施。其中，《规划》主要聚焦于种业发展，旨在提升蜜蜂种质资源和育种创新能力；《行动计划》则更注重产业扶贫，通过发展蜜蜂产

业，助力精准扶贫工作。

2. 种业振兴，蜜蜂先行

2022 年，北京市政府进一步出台了《北京市种业振兴实施方案》。该方案将蜜蜂纳入实施方案范畴，作为重点发展的种业之一。这充分体现了北京市对蜜蜂种业发展的高度重视，也为蜂产业的持续健康发展注入了新的动力。

3. 区域发力，细化落实

在市级政策的引领下，北京市各区积极行动起来。以密云区为例，该区出台了《北京市密云区推进蜂产业发展三年行动计划（2022—2024）》。该计划结合密云区的实际情况和产业基础，制定了更为具体和细化的发展目标和工作措施。这不仅有助于推动密云区蜂产业的快速发展，也为其他区域发展蜂产业提供了可借鉴的经验和做法。

4.2.2　强化资金扶持

2015—2023 年，北京市及其各区财政在蜂产业上投入了 1 亿余元的扶持资金，这充分显示了政府对蜂产业发展的高度重视和大力支持。这些资金主要用于精准脱贫、示范区建设、种业振兴、蜂产品加工、文旅融合以及科技示范等多个方面，旨在全方位推动蜂产业高质量发展。

精准脱贫方面，蜂产业的扶持为贫困地区提供了新的脱贫路径，通过养蜂增加农民收入，助力脱贫攻坚。

示范区建设方面，政府着力打造一批具有示范带动作用的蜂产业基地，以点带面，推动整个产业发展。

种业振兴方面，注重蜜蜂种质资源的保护和利用，加强育种创新，为蜂产业的持续发展提供了坚实的种业基础。

蜂产品加工方面，扶持资金用于提升加工技术和设备水平，推动蜂产品的深加工和精加工，提高产品附加值。

文旅融合方面，将蜂产业与旅游、文化等产业相结合，打造蜜蜂主题公园、蜜蜂文化体验馆等特色项目，丰富旅游文化内涵，提升蜂产业的文化价值。

科技示范方面，注重科技创新和成果转化，推动先进适用技术在蜂产业中的应用和推广。例如，2022 年成功开发的蜂授粉管理服务平台就是一个典型的科技示范项目。该平台为昌平、密云、顺义三个区的草莓、番茄等作物提供了高效的授粉服务，覆盖了超过 1.1 万亩的种植面积。这不仅提高了作物的产量和品质，还降低了人工成本，提升了农业生产效益。

此外，农业农村部将北京市列为"2022—2024 年蜂产业绿色高质量提升行动"项目试点省市之一，并安排了 900 万元的资金用于蜂授粉技术推广与市场培育。这一举措进一步加大了对蜂产业的支持力度，有助于推动北京市蜂产业在绿色发展、高质量发展方面取得更大的成果。

北京市在蜂产业发展上采取了一系列有力措施，投入了大量扶持资金，推动了蜂产业全面发展。这些举措不仅提升了蜂产业的综合效益和竞争力，也为农民增收、农业增效和乡村振兴做出了积极贡献。

4.2.3　注重蜂种保护

近年来，北京市在中华蜜蜂的保护与繁育方面取得了显著成效，产生了多重效益。为了维护生态平衡和生物多样性，北京市在房山蒲洼建立了中华蜜蜂自然保护区，为中华蜜蜂提供了宝贵的栖息地。同时，在密云区也积极投入资源，成功建成了 2 个中华蜜蜂种蜂场和 4 个中华蜜蜂养殖基地，形成了集繁育、养殖、科研于一体的综合体系。

这些努力不仅体现在蜂种保护层面，更延伸到经济价值开发上。据悉，这些养殖基地截至 2023 年 5 月初，年产中华蜜蜂蜂蜜高达 145 吨，产值达到了 2100 万元，为当地经济发展注入了新的活力。而特色中华蜜蜂产品品牌"益窝蜂"的打造，更是将中华蜜蜂的生态功能与市场需求紧密结合起来，实现了经济、科研、文旅、宣教等多重效益的深度开发。

在良种提升方面，北京市也不遗余力，自繁蜜蜂种王"密云 1 号"和"密云 2 号"，不仅优化了中华蜜蜂的种群结构，还增强了其适应性和生产力，为中华蜜蜂产业的可持续发展奠定了坚实的基础。

这一系列举措不仅展现了北京市在生物多样性保护方面的决心和成果，也为其他地区提供了可借鉴的经验和模式。未来，随着中华蜜蜂保护与繁育工作的深入推进，相信这一珍稀蜂种将为我们的生态环境和经济发展带来更加丰富的回报。

4.2.4　注重科技支撑

近年来，北京市依托其科技创新中心的独特地位，积极推动蜂产业向高科技、高标准方向转型升级。通过与中国农科院蜜蜂研究所等顶级科研机构紧密合作，北京市园林绿化局成立了全国首家"蜂产业研究院"，这一创新平台不仅聚集了众多行业精英，更在种质创新、授粉提质增效、病虫害防治以及标准化建设等关键领域取得了显著成果，成为全国蜂产业科技合作创新的领军者。

在标准化建设方面，北京市同样走在全国前列，制定并实施蜂行业相关的多项国家标准和地方标准，使蜂产业从源头到终端的每一个环节都有明确、严格的操作规范。此外，还成功建成了多个国家级安全蜂产品生产标准化示范区，为消费者提供了更加安全、优质的蜂产品。

值得一提的是，北京市已连续多年承担国家蜂产业技术体系北京综合试验站的工作。在这期间，北京市不仅积累了丰富的实践经验，更建有全国首家蜜蜂医院和蜂产品检测中心，为蜂农提供了全方位的技术支持和服务。这些举措不仅提升了北京市蜂产业的发展质量，更为其可持续发展奠定了坚实的基础。

北京市通过科技创新、标准化建设以及持续的技术支持和服务，不仅推动了本地蜂产业的高质量发展，更为全国蜂产业的转型升级提供了可借鉴的"北京模式"。

4.2.5　注重品牌打造

北京市近年来在蜂产业发展上持续发力，通过积极打造"京·花果蜜"和"蜂盛蜜匀"等特色品牌，不仅提升了蜂产品的市场知名度和竞争力，还成功将蜜蜂文化活动与产业发展紧密结合起来，探索出了一条具有首都特色的蜂产业发展新路径。

在蜜蜂文化活动方面，北京市充分利用"5·20世界蜜蜂日"等重要节点，举办了一系列主题鲜明、形式多样的庆祝活动和养蜂大会。这些活动不仅吸引了全国各地爱蜂之人的积极参与，还通过海峡两岸蜂产业发展大会等平台，促进了业界交流与合作。据统计，仅蜜蜂文化活动一项，年接待20余万人，为当地带来了超过5000万元的年收益。

在营销模式创新上，北京市紧跟时代潮流，充分利用新媒体，借自助售卖和"蜂"味美食等现代营销手段，将优质京产蜂产品推向更广阔的市场。特别是在直播带货领域，北京市蜂产业各类产品销售额在2022年就突破了亿元大关，展现了北京市蜂产业强大的市场潜力和很高的消费者认可度。

此外，北京市还高度重视蜂产业的科普宣传教育工作，打造了蜜蜂文化中小学科普宣传教育基地多家，通过蜜蜂文化科普，将蜜蜂知识和生态保护理念融入日常教学，培养学生认识生态、保护生态的意识以及对蜂产业的浓厚兴趣。

北京市通过打造特色品牌、举办蜜蜂文化活动、创新营销模式以及加强科普宣传教育等多措并举的方式，不仅提升了蜂产业的整体实力和影响力，还为促进区域经济发展、传承优秀传统文化以及推动生态文明建设做出了积极贡献。

4.3 北京市主要蜂产品企业及品牌

北京市主要蜂产品企业及品牌有北京百花蜂业科技发展股份公司、颐寿园（北京）蜂产品有限公司、北京知蜂堂健康科技股份有限公司、北京中蜜科技发展有限公司、北京市蜂业有限公司、蜜蜂堂控股集团有限公司、北京同仁堂蜂产品（江山）有限公司、北京天宝康高新技术开发有限公司、绿纯（北京）科技有限公司（曾用名：绿纯（北京）生物科技发展中心）、北京金王健康科技有限公司、北京厚德礼蜂业有限公司、北京蜂之巢蜂业有限公司、北京蜜香村蜂胶有限责任公司、北京惠蜂高科生物技术有限公司、北京天蜂奇科技开发有限公司、北京德蜂堂健康科技有限公司、北京嗡蜜佳园蜂业有限公司、北京颐和蜂食品有限公司等。

4.4 北京市主要蜂业合作社

蜂业合作社是蜂农为了提高自身在市场中的组织化程度而自发创建的合作组织，是蜂农应对激烈蜂产品市场竞争的有效手段。加入合作社，蜂农可以共享资源、技术和市场信息，从而降低生产成本，提高产品质量，增强市场竞争力。合作社还可以帮助蜂农统一销售，获得更好的价格和销售渠道，进而提高收入。此外，蜂农合作社还承担着保护蜂农权益的重要职责。在市场竞争中，个体蜂农往往面临信息不对称、议价能力弱等问题，合作社可以集中力量与买家进行谈判，为蜂农争取更合理的价格和条款。

近年来，北京市蜂产业加快蜂业合作社建设，积极发挥蜂业合作社整合资源、开拓市场和协调服务方面的优势，为广大蜂农服务。截至 2023 年 6 月 20 日，北京市共有蜂业合作社 64 个，具体如表 4-1 所示。

表 4-1　　　　北京市蜂业合作社名录（截至 2023 年 6 月 20 日）

序号	区县	合作社名称	联系人	地址
1	大兴	北京顺天建杰养蜂专业合作社	齐学明	北京市大兴区榆垡镇西麻各庄村
2		北京服农农产品产销专业合作社	李万江	北京市大兴区庞各庄镇李家巷村
3		北京润春园养蜂专业合作社	杨俊华	北京市大兴区长子营镇朱庄村
4		北京合众强养蜂专业合作社	杜茂合	北京市大兴区礼贤镇贺北村
5	昌平	北京金峰乐源养蜂专业合作社	王建军	北京市昌平区流村镇古将村 239 号
6		北京前桃洼村养蜂专业合作社	谷一菲	北京市昌平区南口镇前桃洼村村南
7		北京金华林养蜂专业合作社	刘秀利	北京市昌平区南口镇西李庄村 300 号
8	通州	北京西集东辛庄养蜂合作社	郭院生	北京市通州区西集镇东辛庄 9 号
9		北京运河源养蜂专业合作社	杨东启	北京市通州区西集镇沙古堆村 171 号
10	房山	北京鸳鸯锦昱养蜂专业合作社	刘建军	北京市房山区史家营乡元阳水村四区 34 号
11		北京天蜂奇养蜂专业合作社	赵宁	北京市房山区城关街道顾八路一区 3 号
12		北京市房山区河北镇河北村圣泉养蜂专业合作社	刘振钢	北京市房山区河北镇河北村
13		北京青龙岗养蜂专业合作社	王政	北京市房山区青龙湖镇岗山村下岗 653 号
14		北京市周口店泗马沟农产品专业合作社	马淑青	北京市房山区周口店镇泗马沟村
15		北京乐一生蜜蜂养殖专业合作社	杨海涛	北京市房山区张坊镇瓦沟村

序号	区县	合作社名称	联系人	地址
16	房山	北京市康乐宝蜜蜂养殖专业合作社	姜得利	北京市房山区张坊镇瓦沟村
17		北京花满枝养蜂专业合作社	李春	北京市房山区良乡昊天大街114号5号楼4单元201西石羊樱桃园
18		北京绿野花谷养蜂专业合作社	晋长梅	北京市房山区十渡镇栗元厂村北坡甲1号
19		北京十渡蜂业专业合作社	陇合龙	北京市房山区十渡镇栗元厂村北坡11号
20		北京金大信养殖专业合作社	姜淑霞	北京市房山区佛子庄乡西班各庄村
21		北京御蜂堂蜂业专业合作社	胡宝芹	北京市房山区周口店镇娄子水村
22		北京春羽蜜蜂养殖专业合作社	周有忠	北京市房山区张坊镇东关上村黑牛水44号
23		北京月联兴养殖种植专业合作社	郑明满	北京市房山区蒲洼乡森水村
24	顺义	北京碧翠源蜂业专业合作社	罗照亮	北京市顺义区杨镇汉石桥村
25	延庆	北京莲花山蜂产品专业合作社	田玉龙	北京市延庆区大庄科乡
26		北京妫河源养殖专业合作社	郭丽军	北京市延庆区沈家营镇西王化营村南
27		北京醉美东山民俗旅游专业合作社	于亚全	北京市延庆区珍珠泉乡南天门村29号
28		北京圣溪湖农产品产销专业合作社	于海林	北京市延庆区珍珠泉乡八亩地村山东沟16号
29		北京珍珠香养殖专业合作社	崔 勇	北京市延庆区珍珠泉乡小川村
30		北京丰瑞农产品专业合作社	胡瑞山	北京市延庆区大庄科乡董家沟村68号
31		北京市延庆区康庄镇西桑园村股份经济合作社	谢春金	北京市延庆区康庄镇西桑园村
32	平谷	北京春牧源养蜂专业合作社	路晓芹	北京市平谷区峪口镇西营村
33		北京市白杨村土蜂养殖专业合作社	陈爱国	北京市平谷区熊儿寨乡白杨村
34		北京海鲸花养蜂合作社	王金花	北京市平谷区南独乐河镇刘家河村

序号	区县	合作社名称	联系人	地址
35		北京神农之乡养蜂专业合作社	刘云忠	北京市密云区穆家峪镇上峪村62号
36		北京京纯养蜂专业合作社	王东生	北京市密云区太师屯镇龙潭沟村下湾子240号
37		北京密荆源养蜂专业合作社	王启良	北京市密云区太师屯镇太师屯村（原供销社院内）
38		北京万花山养蜂专业合作社	王如甫	北京市密云区太师屯镇令公村62号
39		北京奥金达蜂产品专业合作社	李定顺	北京市密云区高岭镇高岭村（高岭镇政府东侧）
40		北京益寿康养蜂专业合作社	杨桂芹	北京市密云区冯家峪镇石湖根村大北沟163号
41		北京惠生养蜂专业合作社	饶仕忠	北京市密云区石城镇黄峪口村村委会院内
42	密云	北京西湾子养蜂专业合作社	刘海珍	北京市密云区石城镇西湾子村村委会院内
43		北京孔宪云养蜂专业合作社	孔宪云	北京市密云区石城镇石城村北石城15号
44		北京石城山水源养蜂专业合作社	提生财	北京市密云区石城镇石塘路水源路87号1号院
45		北京山水甜源养蜂专业合作社	李东杰	北京市密云区北庄镇华盛路4号楼二层东侧
46		北京蜂情园养蜂专业合作社	崔文荣	北京市密云区大城子镇聂家峪村
47		北京辰菲养蜂专业合作社	马杰	北京市密云区不老屯镇半城子村
48		北京蜂润养蜂服务专业合作社	王建伟	北京市密云区大城子镇碰河寺村
49		北京兰静养蜂专业合作社	李波	北京市密云区东邵渠镇太保庄村
50		北京安海利民养蜂专业合作社	王福海	北京市密云区高岭镇郝家台村
51		北京万龄养蜂专业合作社	李海军	北京市密云区穆家峪镇水漳村
52		北京保峪岭养蜂合作社	郭小力	北京市密云区冯家峪镇保峪岭村

续　表

序号	区县	合作社名称	联系人	地址
53		北京海常来银农副产品销售专业合作社	赵来银	北京市怀柔区怀柔镇大中富乐村279号
54		北京蜂康养殖专业合作社	傅林伶	北京市怀柔区雁栖镇莲花池村
55		北京意蜂蜜蜂养殖专业合作社	肖建果	北京市怀柔区渤海镇大榛峪村云岭27号
56	怀柔	北京甜蜜园养殖专业合作社	张春生	北京市怀柔区杨宋镇四季屯村168号
57		琉璃庙镇龙泉峪村股份合作社	孙焕祥	北京市怀柔区琉璃庙镇龙泉峪村
58		北京龙泉兴养蜂专业合作社	于成龙	北京市怀柔区长哨营满族乡四道河村32号
59		北京冀京金生养蜂专业合作社	魏生佐	北京市怀柔区桥梓镇后桥梓村260号
60		北京蜂情蜂业购销专业合作社	刘新军	北京市怀柔区雁栖镇下庄570号-3
61		北京法城蜜蜂养殖专业合作社	杨维广	北京市门头沟区斋堂镇法城村蜜蜂基地
62	门头沟	北京绿纯金蜜蜂养殖专业合作社	梁国春	北京市门头沟区妙峰山镇黄台村西50米
63		北京九仙草生态农业发展有限公司	尚显兰	北京市门头沟区雁翅镇芹峪村
64		北京雁翅芹峪养殖专业合作社	石琴香	北京市门头沟区斋堂镇法城村

资料来源：https：//yllhj.beijing.gov.cn/zwgk/sjfb/mlxx/202312/t20231218_ 3502739.shtml.

4.4.1　北京顺天建杰养蜂专业合作社

北京顺天建杰养蜂专业合作社的品牌是"顺天建杰"。

该合作社成立于2009年，是位于北京市大兴区榆垡镇西麻各庄村的一家专业养蜂合作社。合作社由大兴区养蜂乡土专家齐建华先生创立，现主要由齐建华先生之子齐学明管理和运营。合作社主要蜂种是西蜂，蜂群数量约1700群。随着蜂群数量的增多，产品的销售曾出现问题，齐学明四处拓展销路，先后与多家食品厂、药厂建立供货关系。随着"互联网+农业"的发展，齐学明在淘宝开了自己的网店,把合作社出产的优质产品直接卖给消费者。

合作社以养殖蜜蜂、生产高品质蜂产品为主要业务,同时致力于养蜂技术的传承与发展。

合作社拥有成熟的蜜蜂养殖模式和丰富的蜜源资源,采取长短途大转地小转地相结合的养殖方式,追逐各地花期,确保蜜蜂能够在最优质的蜜源环境中采集花蜜,实现了蜜源的多样化并提高了纯度,主要产品包括蜂王浆、蜂花粉、蜂胶、蜂蜜等。此外,合作社还制定了产品连带制,每户的产品都有明确的记录与区分,实现了产品的可追溯。

除了养殖蜜蜂,合作社还积极参与蜜蜂授粉项目,与农业部门紧密合作,为大兴区的西瓜、蔬菜等作物提供授粉服务,不仅提高了作物产量和品质,还降低了农户的雇工成本,减少了药物使用,为农业可持续发展做出了积极贡献。

在销售方面,合作社积极拓展市场,通过传统的销售渠道和互联网电商平台,将优质蜂产品销往全国各地,甚至海外市场。同时,合作社还注重品牌建设和产品追溯体系的建设,确保消费者能够购买到放心、安全、高品质的蜂产品。

北京顺天建杰养蜂专业合作社不仅是一家专业的养蜂组织,更是致力于推动养蜂业发展、传承养蜂技术、服务农业、助力乡村振兴的重要力量。在未来的发展中,该合作社将继续秉承"专业、品质、服务"的理念,不断创新和发展,为消费者提供更优质的产品和服务。

4.4.2 北京金峰乐源养蜂专业合作社

北京金峰乐源养蜂专业合作社的品牌是"京乡玉蜜"。

该合作社成立于2014年1月27日,是位于北京市昌平区流村镇古将村的一家专业养蜂合作社。合作社由传承家族养蜂事业几十年的、经验丰富的王建军先生创立。合作社以科技推广和应用服务业务为主,经营范围包括养殖蜜蜂、技术推广服务、组织文化艺术交流活动(不含演出)、承办展览展示活动等。合作社主要蜂种是西蜂,蜂群数量约2300群。合作社生产"六道木蜜"(昌平区古将村独有的蜜源,产于海拔1000米的高山上,每年的5月底至6月上旬开花,是洋槐花期结束后和荆条开花之间的良好蜜源,稀少而珍贵),除此之外,还有槐花蜜、荆条花蜜、蜂花粉、蜂王浆、蜂香皂、蜂口红等系列产品。此外，合作社还致力于蜜蜂文化科普传播、蜂蜜认养等活动，不仅增强了公众对蜜蜂和蜂蜜的了解和珍视，还增加了合作社与消费者的联系，拓展了业务范围，增加了收入来源。

4.4.3　北京金华林养蜂专业合作社

北京金华林养蜂专业合作社的品牌是"赤萝秀"。

该合作社成立于 2007 年 9 月，办公地址在北京市昌平区南口镇西李庄村。合作社由刘秀利创办，以养殖蜜蜂、销售蜂产品、提供技术培训等业务为主。蜂产品主要有蜂蜜、蜂王浆、蜂花粉等。合作社主要蜂种是西蜂，蜂群数量约 18200 群。

合作社辅助带动养蜂农户 200 多户，分布在南口镇、流村镇、十三陵镇、崔村镇等 8 个镇。经营场地 1440 平方米，其中生产及办公用房 360 平方米，运输车辆 5 辆，拥有专业技术骨干 7 人。合作社始终坚持"民办、民有、民管、民受益"的办社原则，坚持依法规范运作，为蜂农提供产前、产中、产后等系列服务。

2010 年 7 月 7 日，该合作社通过国家工商行政管理总局商标局取得商标注册证，注册商标"赤萝秀"，核定使用商品为蜂蜜、食用王浆、食用蜂胶。2007—2018 年，该合作社连续多年被确定为北京市农民专业合作组织项目示范单位；2014—2023 年，该合作社连续多年被评为国家级示范社单位；2010—2017 年，该合作社连续多年被评为全国蜂农专业合作社示范社。该合作社多次获奖，如 2011 年获得第九届中国国际农产品交易会北京团突出贸易成交奖；2012 年获得第十届中国国际农产品交易会"赤萝秀"蜂蜜金奖；2018 年"赤萝秀"获得"好品牌"称号，同年获"无公害质量认证"，这极大地提高了"赤萝秀"品牌影响力，为今后蜂产品销售打下了坚实的基础。该合作社多次受到了农业部门、林业部门及中国蜂产品协会的表彰和鼓励。

4.4.4　北京乐一生蜜蜂养殖专业合作社

北京乐一生蜜蜂养殖专业合作社的品牌是"德蜂堂"。

该合作社创设于 2007 年 8 月 21 日，是位于北京市房山区张坊镇瓦沟村的一家专业养蜂合作社。该合作社的法定代表人为杨海涛，经营范围包括养殖蜜蜂、销售蜂产品、蜜蜂养殖技术培训、蜂产品技术开发等。合作社主要蜂种是西蜂，蜂群数量约8000群。合作社隶属于北京乐一生德蜂堂集团总公司（北京乐一生德蜂堂集团总公司旗下还有北京德蜂堂健康科技有限公司、北京乐一生蜂胶生化高新技术有限责任公司等子公司），覆盖同一纬度地区的40000多个养蜂户，30多万群蜜蜂，带领农民共同致富。该合作社荣获房山区"2010年度农民专业合作社示范单位"。

4.4.5 北京御蜂堂蜂业专业合作社

北京御蜂堂蜂业专业合作社的品牌是"御蜂堂""蜜路"。

该合作社成立于2007年4月5日，是位于北京市房山区周口店镇娄子水村的一家专业养蜂合作社。该合作社的法定代表人为胡宝芹，经营范围涵盖蜂种生产、动物饲养、旅游业务以及食品销售等多个方面。合作社主要蜂种是西蜂，蜂群数量约7860群。

合作社突破传统的农业经营理念，采取"农户+合作社+联合社+龙头企业+科普教育"的多元化经营模式。

合作社通过成立"蜜蜂授粉专业队"，进一步提升了其专业化服务水平。为了完善产业链，该合作社牵头与蜂产品加工公司、花卉庄园和其他养蜂合作社共同成立了北京市第一家针对蜂产业的联合社，联合社的建立，使专业生产、专业加工和专业授粉形成了一个紧密的产业链。

为了进一步推动产业升级和提高农民收入，合作社做出了向第六产业转型的决策。作为一种新兴的产业形态，第六产业强调一产（农业）、二产（工业）和三产（服务业）的深度融合。这种融合不仅可以创造更高的产品附加值，还有助于推动农村经济的全面发展。

合作社在变身为综合产业、推动现代农业转型过程中，坚持以农业为主体，通过一、二、三产业的相互融合，成功地将传统农产品转化为了具有高附加值的"农游产品"。这不仅增加了产品的市场竞争力，还大大提高了农民的收入。

同时，合作社还利用当地的环境和地理位置优势，结合幽岚山红叶节等大型活动，为游客提供深度体验蜜蜂文化的机会。这种农游结合的模式，不仅丰富了旅游产品的内容，还有效地带动了当地产业发展。

合作社先后获得"房山区农民专业合作社建设示范单位""房山区科技示范户""农民致富优秀专业合作组织""房山区农民合作社示范社""北京市

农民专业合作社示范社""北京市（教育类）科普基地""北京市郊区青年创业致富带头人""全国蜂农专业合作社示范社""全国农民专业合作社示范社"等称号。

4.4.6 北京海鲸花养蜂合作社

北京海鲸花养蜂合作社的品牌是"海鲸花"。

该合作社成立于 2010 年 11 月 11 日，是位于北京市平谷区南独乐河镇刘家河村的一家专业养蜂合作社。该合作社的法定代表人为王金花，主要业务：养殖蜜蜂、生产蜂产品（蜂蜜）、组织收购、销售成员养殖的蜜蜂、引进新技术和新品种、开展养殖蜜蜂等技术培训、提供技术咨询服务等。产品主要包括蜂蜜、蜂花粉、蜂王浆、雄蜂蛹、蜂胶等。主要蜂种是西蜂，蜂群数量约8000 群。

合作社法定代表人王金花是家族第三代养蜂人，创业之初不但去全国养蜂业发达地区之一浙江蜂产品加工厂学习先进思路和技术，而且在创业过程中与北京百花蜂业科技发展股份公司牵手合作。合作社生产大楼的建设、车间布局和工艺流程的设计、合作社管理制度的完善、生产认可证的获得等，都得到了百花公司相关领导和技术人员的现场指导和大力支持。

在百花公司的帮助下，合作社的生产设施已经达到了相当高的水平，逐步实现了统一技术、统一管理、统一销售，改变了传统的、零散的销售模式，并注册了"海鲸花"蜂蜜品牌，打造了系列蜂蜜产品，比如槐花蜜、荆花蜜等。"海鲸花"蜂蜜品牌在超市设有专柜，合作社依托"互联网+"平台，建设了电子商城，通过淘宝、京东等渠道，将蜂蜜、花粉、蜂胶等产品销往全国各地。同时，合作社加大产业融合力度，大力发展旅游业。合作社建有蜂巢居民宿并打造以蜂元素为主的蜂趣园，致力于提供吃喝玩乐住宿等一体化的优质服务。

合作社不仅关注产品的生产和销售，还积极承担社会责任，开展低收入扶贫项目和残疾人养蜂扶贫项目。合作社通过为低收入群体和残疾家庭免费提供蜂王、蜂群、蜂机具等，以及提供技术指导和产品回收服务，帮助他们实现"无本"创业。

合作社拥有多项知识产权，包括多个注册商标和专利，显示出其较强的创新能力和企业实力。合作社先后被评为"北京市农民专业合作社先进单位"

"北京市农民专业合作社示范社""全国蜂产品安全与标准化生产基地""全国农民合作社加工示范单位""农民增收先进集体"等。

4.4.7 北京神农之乡养蜂专业合作社

北京神农之乡养蜂专业合作社的品牌是"京荆花"。

该合作社成立于 2008 年 7 月 22 日,是位于北京市密云区穆家峪镇上峪村的一家专业养蜂合作社。该合作社的法定代表人为刘云忠,经营范围为养殖蜜蜂、养蜂技术培训、技术服务、技术咨询以及销售原蜂蜜等。合作社主要蜂种是西蜂,蜂群数量约 3200 群。

合作社的蜂产品生产基地蜂场坐落于环境优美,有着得天独厚的自然资源的密云深山。合作社不但致力于应用"免移虫取浆"新技术提高蜂王浆的生产效率,而且大力推广中国农业科学院蜜蜂研究所的"多箱体养蜂"技术,即在蜂箱上加蜂箱,由传统的采稀蜜向成熟蜜生产模式转变,降低劳动成本的同时大大提高蜂产品质量。合作社生产的天然成熟荆花蜜获得"2020 年第四届国民好蜜品质大赛荆花蜜金奖"。2021 年,"首届全国成熟蜂蜜生产现场观摩会"和"成熟蜂蜜专项技术交流会"在合作社的蜂场成功举办。合作社还对社员统一要求、统一标准、统一管理。蜂产品也从单一的蜂蜜,拓展为天然成熟蜂蜜、蜂巢蜜、蜂王浆、蜂毒、蜂胶、蜂蜡等。合作社通过引入新技术及规范管理,解决了 20 世纪八九十年代蜂农养殖不成规模及产品形式单一的问题。

另外,合作社还为设施农业和农作物提供优质的授粉服务,不断提升养蜂产值和蜂农收入。

4.4.8 北京京纯养蜂专业合作社

北京京纯养蜂专业合作社的品牌是"京密""京纯"。

该合作社成立于 2007 年 9 月,是位于北京市密云区太师屯镇龙潭沟村的一家专业养蜂合作社。该合作社的法定代表人为王东生,经营范围:蜂种生产,农产品生产、销售、加工、运输、储藏,技术服务,等等。合作社主要蜂种是西蜂,蜂群数量约 63000 群。

合作社为了树立品牌形象并打造具有密云特色的蜂产品,始终坚持生产自然成熟蜂蜜,不添加,不浓缩,合作社还独创了对农户的"八个统一"管理模式，即统一培训、统一引进优良品种、统一供应生产资料、统一产品标准、统一回收、统一检测、统一品牌、统一销售，并执行国际标准、国家标准、行业标准、地方标准多项，制定多项企业标准，执行操作规程、养蜂基地管理制度、生产操作规程等多项。合作社取得了 HACCP 体系、ISO 9001 质量管理体系、ISO 22000 食品安全管理体系认证、国际公平贸易认证。

合作社的产品主要有荆花蜜、巢蜜、蜂花粉、蜂胶、蜂王浆、蜂蛹、蜂皂、面膜 8 类 50 余种产品，主打产品以绿色成熟荆花蜜为主，"密云京密蜂蜜"获得国家生态原产地产品保护。为了满足不同消费者的需求，合作社提供了多样化的包装形式，既有适合家庭日常食用的普通包装，也有精美礼盒装。合作社的产品销往全国各地，尤其是巢蜜产品，供不应求，获得多项荣誉，在巢蜜行业享有一定知名度。

合作社积极参与各类展会和活动，如世界养蜂大会、亚洲养蜂大会、蜂业博览会、蜂产业发展大会、农产品交易会、农产品加工业投资贸易洽谈会、有机食品展览会、旅游商品博览会等。通过展会宣传，合作社成功地将其产品推向了更广阔的市场，赢得了众多客户和消费者的认可，进一步巩固和提升了品牌形象。

合作社的产品和经营模式不但被多家平面媒体报道，而且被中央电视台、北京电视台等电视媒体报道。值得一提的是，合作社的产品还得到了《星光大道》优秀选手的代言，并在《星光大道》节目中得到了进一步宣传。这种娱乐与产业的结合，使合作社的产品更加深入人心。

合作社还十分注重新产品研发，如原生态巢蜜、蜂胶液、荆花蜜面膜、蜂蜜香皂、蜂蜡唇膏、蜂蜡口红、蜂蜡香薰、蜂蜡雕塑、蜜蜂琥珀工艺品等。在研发生产这些新产品的过程中，合作社不但制定了巢蜜、成熟蜜、蜂王浆等生产技术标准，而且深度挖掘蜜蜂文化，将文化元素融入产品，获得了国家发明专利，大大地提升了蜂产品的附加值。

除了开发新产品，合作社还建设了具有科普馆、生产区、标准化养蜂体验区、登山游览采摘区、游客接待区、餐饮区、住宿接待区等七大功能区的蜜蜂大世界产业园。该产业园区可以让游客参与蜂场参观、生产车间参观、科普介绍、蜜蜂电影观看、蜂产品 DIY、蜂人表演、互动游戏、爬山、蜜源植物识别等活动。其中，该园区的科普馆是目前北京最大的蜜蜂主题科普展馆，展馆内有标本模型，有文字介绍，有互动投影、互动体验，采用声、光、灯等特效，向游客展示蜜蜂科普文化知识，引导消费者正确利用蜂产品。

合作社获得了很多荣誉，具体如下："京密"牌荆花蜜，连续多年通过绿色食品认证；2008 年获得了生产许可证，并获中国国际农产品交易会北京团产品畅销奖；2009 年通过了美国及欧盟认证、北京市优秀蜂产品生产基地、第七届中国国际农产品交易会"金奖"；2010 年被中国养蜂学会授予"中国养蜂学会蜂产品安全与标准化生产基地"；2011 年基地被农业部和财政部评为现代农业产业技术示范基地；2012 年 8 月被选举为"首都食品安全科技服务联盟理事单位"、第十届中国国际农产品交易会金奖；2013 年获中国蜂产品协会"全国蜂农专业合作社示范社"；2014 年中国科协、财政部"全国科普惠农兴村先进单位"；2015 年中国养蜂学会"成熟蜜基地示范试点"；2015—2017 年通过 HACCP 体系认证、ISO 9001 质量管理体系认证、ISO 22000 食品安全管理体系认证；2015 年被农业部办公厅评为全国农民合作社加工示范单位；2016 年获北京市农业产业化重点龙头企业、全国蜂业科技与蜂产业发展大会巢蜜一等奖、巨型巢蜜获蜜蜂文化创新一等奖、北京市科普基地；2017 年通过国际公平贸易认证；2018 年"密云京密蜂蜜"正式获得生态原产地产品保护认证、21 世纪第三届蜂业大赛京纯荆花巢获优质巢蜜金奖、蜂房获蜜蜂文化类工艺品银奖、第十九届中国绿色食品博览会金奖、2018 年北京农业好品牌、北京市社会资源大课堂资源单位、北京园林绿化科普教育基地、全国百强农民专业合作社、北京市农业信息化龙头企业。

4.4.9 北京奥金达蜂产品专业合作社

北京奥金达蜂产品专业合作社的品牌是"花彤"。

该合作社成立于 2007 年 11 月，是位于北京市密云区高岭镇高岭村的一家专业养蜂合作社。该合作社是北京市第一家蜂产品专业合作社。合作社的法定代表人为李定顺，经营范围：加工、销售蜂产品（蜂蜜、蜂王浆、蜂花粉、蜂胶等）；道路货物运输；养殖蜜蜂的技术培训、技术开发、技术服务；蜂具销售；货物进出口、技术进出口、代理进出口；养蜂；休闲观光活动（不含垂钓）等。合作社主要蜂种是西蜂，蜂群数量约 59000 群。

合作社建有 GMP 标准车间 3500 平方米、引进国际先进的现代化全自动蜂蜜生产线 2 条，并率先建立了国内首个先进的成熟蜂蜜生产体系。合作社严格实行"七统一"的经营管理方式——统一组织蜂农进行养蜂标准化生产，统一生产资料供应，统一技术咨询、服务、推广、培训，统一品种引进，统一指标检测，统一蜂蜜品牌，统一蜂产品收购、加工及销售。"七统一"的严格管理确保了优质的产品质量。2007 年，合作社申请了自己的蜂产品品牌"花彤"，2016 年，"花彤"品牌得到国家质检总局青睐，经过专家组严格审核，"花彤"牌荆花蜂蜜成功获得"生态原产地产品保护"认证，成为京津冀地区首个集"北京市著名商标""中国驰名商标""生态原产地产品保护"于一身的知名品牌。合作社生产的高端成熟蜂蜜，在行业内知名度颇高，为2008 年第 29 届北京奥运会的特供原料蜜，该合作社是中国养蜂学会首批成熟蜂蜜生产示范区。

目前，"花彤"品牌的五大类 18 种产品已入驻物美、超市发等 90 余家大型超市。不仅如此，"花彤"牌蜂产品还顺应时代发展，从 2012 年开始，逐渐入驻淘宝、京东等各大电子商务平台。2014 年年底，合作社与央视网商城合作，开设了"花彤"牌蜂蜜旗舰店，进驻央视网商城，走高端产品路线。随后，又在微信公众号、西瓜视频、抖音上开通了花彤专卖店，实现了品牌产品销售从线下走到线上、双线并存、合力共进、辐射全国的销售体系。

合作社十分注重创新，不但先后研发了"蜂三宝""野芙蓉蜂蜜""蜂巢蜜"等新产品，而且获得了"蜂蜜破浆机""蜂群自动编码管理软件"等多项知识产权。同时，合作社开发建立了国内领先的智慧蜂业管理平台，塑造了蜂产业"物联网+互联网+蜂场实时监控+环境气象数据监控分析+信息化蜜蜂认养+产业链动态监控"的全新管理模式，实现了从蜂群基本信息管理、摇蜜生产、蜂场基地环境、蜜蜂认养、原料收购检测、入库加工到产品销售的全产业链动态化透明监控追溯。合作社通过平台大数据储备、分析功能，结合市场销售数据，科学指导、预警蜂蜜生产、加工、销售等全过程，推动蜂产业走向高端化、产业化、智慧化和融合化发展。2014 年开始，在区委、区政府的统一指导下，合作社在全国率先推出"蜂业气象指数保险"。

合作社以发展特色养蜂业和休闲观光业为抓手，不断延伸蜂业产业链，拓展蜂业多种功能，推动建立现代蜂业全产业链。2014 年起，合作社开始打造以"蜜蜂授粉"为主的授粉观光旅游基地——密云蔡家洼授粉观光园，将蜜蜂授粉、果蔬采摘与蜂业观光旅游有机结合在了一起。

2018 年，合作社又全面启动了农旅品牌"高岭蜜蜂小镇"——国内首个大规模室外蜜蜂主题小镇建设，着力打造集蜜蜂产业、休闲旅游、文化创意、景观创意、区域品牌建设等于一体的综合型旅游产业园区，建立蜂业与当地农业的可持续发展模式，实现产业与社会经济的融合发展。

作为"高岭蜜蜂小镇"的重要组成部分，蜜蜂生态科普馆于 2019 年开馆，科普馆分为五大展区，围绕密云区养蜂概况及优势、蜜蜂世界、蜜蜂与自然、蜜蜂与农业等相关内容，开发研制了"甜蜜的分享"蜂产品生产科普、"蜜蜂一生体感"等一系列体验系统软件，以鲜活的蜜蜂动漫形象、生动的交互方式，充分展示了密云生态环境优势、蜜蜂先进的养殖技术、蜜蜂的采蜜过程等科普知识。与其他蜜蜂科普馆不同的是，该科普馆不仅是在 20 世纪 50年代供销社老房子的基础上改造建成的，还引进了 4D 影院的先进影像设备，并原创开发出国内首部蜜蜂科普 4D 电影《彤彤的密蜜》，让观影者能够身临其境地感受蜜蜂采蜜的全过程。科普馆最大的亮点是利用 VR、AR 等先进技术，展现蜜蜂生活，通过体感交互、VR 蛋椅、VR 绘本等不同形式，为参观者呈上蜜蜂科普视觉盛宴。科普馆还设有手工制作蜂胶香皂、手摇蜂蜜桶、双人抬蜂箱等互动体验内容，增强参观者的参与感，激发参与者热爱蜜蜂、热爱劳动的兴趣。

合作社先后被评为"国家级合作社示范社""全国优秀合作社""全国农民专业合作社先进单位""全国农民专业合作社加工示范单位"和"全国百强农民专业合作社"。

4.4.10 北京保峪岭养蜂合作社

北京保峪岭养蜂合作社的品牌是"益窝蜂"。

该合作社成立于 2013 年 3 月 22 日，是位于北京市密云区冯家峪镇保峪岭村的一家专业养蜂合作社。该合作社的法定代表人为郭小力，经营范围：饲养蜜蜂，组织收购，销售原蜂蜜，供应成员所需的生产资料，引进新技术、新品种，提供养殖技术培训、技术服务、技术咨询等。合作社主要蜂种是中蜂，蜂群数量约 14000 群。

与其他养蜂合作社不同的是，该合作社法定代表人郭小力先生为了保护正面临严重生存危机的中华蜜蜂（中华蜜蜂是我国本土蜂种，是一种宝贵的地方品种，其生产的蜂蜜享有"蜜中之王"的美誉。中华蜜蜂一直以来都深受广大消费者喜爱，因为中华蜜蜂仅生存于生态资源良好的山区，所生产的蜂蜜多是采集百花酿造而成，无农药，无污染，芳香味十足，营养丰富，富含有机酸、蛋白质、维生素、酶和生物活性物质等多种营养成分。然而，20世纪，由于农药的广泛使用以及外来蜂种的引入，中华蜜蜂数量急剧减少。为了保护这一野生稀缺资源，2006年农业部将中华蜜蜂列入国家级畜禽遗传资源保护名录），带领当地多户蜂农成立合作社。

合作社拥有原始树桶标准化养殖示范蜂场、崖壁式景观蜂场（目前全国最大的"崖壁"景观蜂场）、新型格子箱标准化养殖示范蜂场及进口土耳其标准化养殖示范蜂场等中华蜜蜂标准化养殖示范蜂场。从蜂场可以看出来，与其他合作社不同，该合作社着力打造原生态养殖方法，采用原始树桶及崖壁悬挂养殖法，以及现有的新型格子箱、土耳其蜂箱养殖方式，展示了中华蜜蜂饲养方式的多样性。作为冯家峪镇展示和宣传中华蜜蜂文化的重点区域，该合作社将蜂场打造成了极具特色的原生态养蜂示范点，增强了密云区蜂产业在全国的示范作用。

合作社不但建立了科学严谨的中华蜜蜂养殖管理体系，而且拥有健全的实体企业服务管理经验。不仅从源头保证蜂产品的安全，同时严格控制原辅料的采购，做好蜂产品的售后服务保障工作，为消费者提供可靠、优质、健康的蜂产品，此外，为消费者提供更加贴心和周到的健康管理服务。

2019年，该合作社成功注册了具有民族特色的蜂产品品牌"益窝蜂"。除了传统销售方式，"益窝蜂"在京东、淘宝等知名电商平台建立了旗舰店铺，并在各大媒体大力宣传"益窝蜂"牌蜂产品。合作社还通过其独特的"蜂旅融合"产业发展模式，如一年一届的"割蜜文化节"等，吸引大量游客，间接促进了蜂产品的销售，不断提升了自身的知名度和市场影响力。

该合作社荣获密云区委区政府农民专业合作社示范单位，被北京市园林绿化局认定为北京市无公害农产品产地，"益窝蜂"品牌成为央视网商城优选品牌。

4.4.11　北京绿纯金蜜蜂养殖专业合作社

北京绿纯金蜜蜂养殖专业合作社成立于2007年12月14日（2002年，按照"三农"政策，在政府的支持下成立了"北京市门头沟区绿纯金蜂业合作社"，2007年依照《中华人民共和国农民专业合作社法》相关规定，完成了工商注册），是位于北京市门头沟区妙峰山镇黄台村的一家专业养蜂合作社。该合作社的法定代表人为梁国春，经营范围：蜜蜂养殖，蜂业信息咨询，蜂业技术服务、开发、转让，蜂业技术培训组织，新技术、新品种引进，收购、销售成员生产的蜂产品，开展成员所需的运输、储藏、加工、包装服务等。合作社主要蜂种是西蜂，蜂群数量约 12720 群。

合作社隶属于绿纯（北京）科技有限公司，曾用名是绿纯（北京）生物科技发展中心。合作社的经济发展模式是"以公司为龙头、以合作社为纽带、以基地为依托、以社员为基础"，通过统一管理、统一服务、统一技术、统一品牌、统一销售，带动了跨镇域、跨区域的养蜂农户加入蜂业经济合作组织，实现了养蜂农户、合作社和龙头企业的多赢。同时，合作社的服务管理模式是"统一培训、统一采购、统一引进优良蜂种，统一管理，统一加工销售"，把优质周到的服务渗透到蜂农生产的各个环节，以服务为主，努力提高合作社服务水平。2005 年起，合作社连续多年完成绿色食品和有机食品的验收工作，在北京市率先获得了绿色食品、中国有机食品和欧盟有机食品认证。

合作社注重品牌建设，2009 年被评为北京市著名商标。合作社推出的"京西白蜜"系列具有地理标志认证的特设产品，满足了广大消费者对高品质蜂产品的需求，迅速抢占了市场，实现了经济效益和社会效益的双丰收。

合作社还注重大力推广蜜蜂文化，不但多次协办门头沟法城蜜蜂文化节，而且投资 200 多万元建成了蜜蜂旅游科普文化馆——"绿纯蜂彩馆"。"绿纯蜂彩馆"以丰富多彩的形式向市民展现神奇的蜜蜂文化和坚韧团结的蜜蜂精神。蜜蜂文化馆的建设，成为合作社新的发展方向和社员新的收入增长点，实现了蜂产业链条的延伸。

合作社成立以来，与龙头企业绿纯（北京）生物科技发展中心紧密合作，致力于加强产业化、标准化和品牌化体系建设。一方面，合作社高度重视标准化建设，先后制定完善了产品质量标准、管理标准、工作标准和养蜂生产标准多项。另一方面，合作社积极实施品牌战略，以统一的品牌开展市场营销。通过创建品牌、树立品牌形象和加强品牌推广，合作社成功带动了门头沟区蜂产业的壮大，并实现了优质品牌产品的优价销售。这种产业化运作模式，不仅提高了合作社的知名度和美誉度，还为消费者提供了高品质的蜂产品。

合作社受到了区委区政府和广大蜂农的好评，2003—2010 年连续被门头沟区委区政府评为"先进农民经济专业合作组织"，2007 年还被中国蜂产品协会评为了全国第一批"中国蜂产品行业示范蜂业合作社"，同时，合作社成功发展的经验，成为中国蜂产品协会蜂农专业合作社学习辅导教材中的案例。

4.4.12　北京春牧源养蜂专业合作社

北京春牧源养蜂专业合作社成立于 2019 年 2 月 1 日，是位于北京市平谷区峪口镇西营村的一家专业养蜂合作社。该合作社的法定代表人为路晓芹，负责人为赵丽梅（赵丽梅于 2015 年 5 月 11 日注册了北京野馨科技发展有限公司，该公司是一家集蜂产品销售、蜜蜂文化科普体验于一体的蜂业公司），经营范围：养殖蜜蜂；销售食用农产品；种植蔬菜、水果；组织采购、供应成员所需的化肥、低毒低残留农药；组织收购、销售成员养殖的蜜蜂、新鲜水果、新鲜蔬菜、未经加工的干果、坚果、树苗；开展成员所需的新鲜水果、新鲜蔬菜包装服务；引进蜜蜂养殖、果树及蔬菜种植的新技术、新品种；开展蜜蜂养殖、果树及蔬菜种植的技术培训、技术交流和技术咨询（中介除外）等。合作社主要蜂种是西蜂，蜂群数量约 7000 群。

合作社依托平谷区养蜂协会，不仅成功吸纳了平谷区 80% 的养蜂户，还为全区蜂农提供全方位的服务，包括先进的养蜂技术培训、蜂具发放及蜂产品收购。合作社每年从蜂农手中收购 150 多吨蜂产品，在收购过程中实施"一签一码"制，即对合作蜂农生产的蜂产品采取每户"一签一码"制，以保证产品质量可追溯，倒逼蜂农严格按照要求进行标准化生产、诚信经营，杜绝喂糖等不良行为，确保蜂蜜产品品质。每年定期为合作蜂农开展技术培训，帮助蜂农解决技术问题，为蜂农按照标准生产出高品质蜂蜜提供重要的技术保障。在平谷区推广"嚼着吃的蜂蜜"——蜂巢蜜，使 80% 的蜂农掌握了巢蜜的生产技术，收入大大提高，2018—2019 年，和新西兰艾森维尔（北京）公司合作，在平谷区推广国际先进的自流蜜生产技术，取得了很好的效果，带动蜂农增收。

一方面，合作社在淘宝、京东、抖音等平台线上销售蜂蜜、巢蜜、蜂王浆等蜂产品，另一方面，结合平谷区打造世界休闲谷的规划，将农业养殖与文化产业相结合，打造了北京第一家花园式、互动式蜜蜂文化休闲体验区——欢乐蜂场，旨在通过沉浸式体验来科普蜜蜂知识，促进蜂产品销售。欢乐蜂场的前身是始建于 1976 年的北京市平谷区种蜂场，欢乐蜂场不仅将2000 多平方米老厂房改造成科普展览区、蜂口红体验区、阅读区、多媒体播放区、蜂农体验区、蜂具发展展示区等区域，还引进了透明蜂箱、生态蜂箱、自流蜜蜂箱等先进蜂箱，为游客提供了一个与众不同的体验平台，让游客在园区内可以感受到科技和创意给养蜂行业带来的发展和改变。不仅如此,欢乐蜂场还开发了"走进神奇的蜜蜂王国""风箱里的数字秘密""演绎蜂群里的故事""甜蜜幸福大家庭""我是小小建筑家""做勤劳小蜜蜂""显微镜下的小蜜蜂"等多种不同的体验课程和文创产品,寓教于乐,将蜜蜂知识和蜜蜂精神传播给更多的人,不断提升欢乐蜂场的影响力和知名度。

"欢乐蜂场"基地 2018 年被评为"北京市双学双比示范基地",2019 年被评为"北京市农村妇女创新创业项目双学双比示范基地",2022 年入选北京市科普基地拟命名名单。

4.5 京郊蜂产品市场发展的 SWOT 分析

4.5.1 优势

1. 地理位置优势

京郊地区紧邻北京市区,这一优越的地理位置为蜂产品的快速运输和销售提供了极大的便利。北京市作为我国首都,具有较强的消费能力和广阔的市场空间,京郊蜂产品可以迅速进入这个庞大的市场,满足消费者的需求。

2. 蜜源丰富

京郊地区拥有丰富的蜜源植物,如荆条、刺槐、枣树等,为蜜蜂提供了良好的采蜜环境,从而保证了蜂产品的品质。优质的蜜源是生产高品质蜂产品的基础,而京郊地区的自然条件为此提供了有力的保障。

3. 政策支持

近年来,国家和地方政府对养蜂业给予了一定的政策扶持。这些政策不仅为京郊蜂产品市场的发展提供了资金支持,还在技术、市场准入等方面提供了便利,为蜂产品市场的繁荣发展创造了有利条件。

4. 科技优势

北京市拥有众多科研机构、高校、行业协会,如中国农业科学院蜜蜂研究所、中国农业科学院农业信息研究所、中国养蜂学会、中国蜂产品协会、北京市农林科学院植物保护研究所、北京市农林科学院信息技术研究中心(国家农业信息化工程技术研究中心)等,为京郊蜂产品的研发和创新提供了有力的科技支持。

4.5.2 劣势

1. 产业规模偏小，现代化水平低，从业人员普遍年龄偏大

京郊地区虽然有着深厚的养蜂基础，但多为小规模的家庭副业，缺乏规模化和产业化经营，这种传统的小农经营模式限制了蜂产业规模的扩大。根据测算，北京市最大载蜂量可达 60 万群。截至 2022 年年底，北京市的蜜蜂饲养量达到了 25.8 万群，京郊蜂产业的实际保有量只有最大载蜂量的 43%，这表明京郊蜂产业规模还有很大的发展空间。

京郊许多养蜂场仍然采用传统的养蜂方式，许多工作仍然依赖手工操作。例如，蜂农仍然使用传统的木制蜂箱，而非现代化的塑料或金属蜂箱。取蜜、移虫、清理蜂箱等操作也大多依赖手工完成。再如，许多养蜂场没有引入现代化的自动化设备，如自动喂食器、电动摇蜜机等，喂食、摇蜜等工作还是依靠蜂农手工操作来完成。此外，多数养蜂场在管理上仍然沿用传统的记录方式，如纸质记录或简单的口头交流，而没有采用现代化的信息管理系统。京郊的一些养蜂场由于缺乏现代化的养蜂技术和定期的技术培训，蜂农难以掌握最新的养蜂知识和技术。因此，京郊多数养蜂场现代化程度低，缺乏现代化的养蜂技术和管理方法，生产效率低下。

在京郊养蜂的从业人员中，普遍存在年龄偏大、年轻人参与度低的情况。例如，在密云，职业养蜂人的平均年龄超过 60 岁。许多蜂农在这个行业里工作了数十年，随着年龄的增长，他们面临着身体和精力上的挑战。随着这一代人的老去，养蜂行业将面临后继无人的局面，因为目前愿意投身这一行业的年轻人实在太少了。从业人员普遍年龄偏大，专业技能水平相对较低，年轻力量的缺乏，在一定程度上限制了京郊蜂产业的创新和发展活力。

2. 产业结构单一，产业链条延伸不够

目前，京郊蜂产业的产品主要集中在蜂蜜这一初级产品上，虽然也有蜂王浆、蜂花粉、蜂胶等产品，以及巢蜜、蜂日化品、蜂工艺品、自流蜜、京西白蜜、富硒蜜等高附加值的产品形态，但产品种类相对较少且产量有限。蜂场大多停留在传统的蜂产品生产及初加工阶段，只是简单地对采集到的蜂蜜进行过滤、装瓶等初加工处理，然后将其直接销售给消费者，缺乏进一步加工蜂蜜的设备和技术，对蜂蜜进行浓缩、结晶控制、口

感调整等深加工处理的能力有限，难以生产出更多样化、口感更好的蜂蜜产品。对于蜂胶、蜂王浆等其他蜂产品，蜂场也往往只是进行简单的提取和包装，没有进行深入的研究和开发，难以生产出具有更高营养价值的深加工产品。这种单一的产品结构和初加工水平，使蜂产业市场竞争力受限，难以满足消费者多样化的需求，限制了蜂产业的利润空间和发展潜力。

虽然京郊已建有多家蜜蜂科普馆、蜜蜂民宿，并且举办了多次以蜜蜂为主题的文化节庆活动，但蜂产业与旅游、文化、养生、养老等产业融合的广度和深度并不足，产业链条延伸不够。

与旅游融合方面，蜜蜂科普馆、民宿数量有限，蜜蜂主题活动频次低，宣传力度不大，很多游客难以了解和接触；缺乏与蜜蜂相关的特色旅游线路和旅游产品，如以蜜蜂为主题的徒步、骑行或自驾游等。

与文化融合方面，缺乏对京郊蜜蜂养殖历史和传统文化元素的深入挖掘和传承，缺乏与蜜蜂文化相关的书籍、艺术品、手工艺品等文化衍生品，难以满足游客的多样化需求。

与养生融合方面，尚未充分利用京郊优质的蜜源植物和丰富的蜜蜂资源，如蜂蜜酒、蜂蜜面膜等蜂产品仍有待开发，即使已开发少量养生蜂产品，也没有大力宣传，市场认知度低。

与养老融合方面，缺乏针对老年人的蜜蜂养生旅游项目和产品，如蜜蜂主题的养老院、康复中心等。

3. 品牌建设不够完善，市场定位不明确

京郊蜂产品市场的蜂产品质量上乘，其中，"花彤""京密""绿纯" 3 个品牌是北京市著名商标，"花彤"还是中国驰名商标；北京奥金达蜂产品专业合作社、北京京纯养蜂专业合作社、北京绿纯金蜜蜂养殖专业合作社 3 家合作社生产的蜂蜜被国家质检总局评为"国家生态原产地产品"；密云区被中国养蜂学会评为"中国蜜蜂之乡"。

但是，除了这 3 个品牌，其他已注册的京郊蜂产品品牌知名度并不高，还有许多京郊蜂产品尚未注册品牌。没有注册品牌的蜂产品，只能简单地以"某合作社蜂蜜"等通用名称销售，消费者在众多品牌中难以区分和记忆。多数已注册品牌的京郊蜂产品，市场定位不明确，没有核心卖点或差异化优势，消费者分辨不出其与其他地方品牌的蜂产品有何不同，难以对京郊蜂产品形成认知度和忠诚度，导致京郊蜂产品在市场中缺乏竞争力。

4. 线下推广有限，线上推广需加强

虽然京郊蜂产品具有良好的品质，但在市场推广方面还存在短板，消费者对蜂产品的认知度和接受度有待提高。多数京郊蜂产品仍然采用传统的营销方式，如零售批发、参展参会等，这种推广方式虽然有效，但覆盖范围有限，无法吸引更多的潜在消费者。随着互联网的普及，越来越多的消费者通过网络了解和购买产品。一些京郊蜂产品企业开始在电商平台上开设店铺，通过社交媒体宣传产品，但多是浅尝辄止，推广效果一般。在店铺运营、产品展示和推广策略上还需进一步专业化和精细化，以提高产品的曝光率和销售量。社交媒体营销方面，一些京郊蜂产品在社交媒体上有一定的宣传，但推广力度有待加强、推广深度有待拓展，应提高内容更新的频率，增强与消费者的互动，进一步提升品牌影响力。

4.5.3 机遇

1. 市场需求增长

随着消费者对健康食品关注度的不断提高，蜂产品作为天然、健康的食品代表，其市场需求也在持续增长。京郊蜂产品凭借其高品质和地域特色，在国内外市场上具有一定的竞争力，通过加强品牌推广和市场营销，京郊蜂产品有望进一步拓展市场份额。

2. 政府支持与政策扶持

近年来，北京市政府出台了一系列扶持政策，推动蜂产业发展。例如，北京市先后印发了《北京市蜂业种业发展规划》和《北京市蜂产业精准扶低行动计划》，明确了产业发展的目标任务、重点工作和责任分工。密云区也出台了相应的蜂产业发展行动计划，为产业发展指明了方向。同时，国家相关部委也出台了一系列利好政策，如蜂业质量提升行动、健康中国行动、中医药振兴发展重大工程、乡村振兴战略加快农业转型升级、培育传统优势食品产区和地方特色食品产业、实施数商兴农工程、推进电子商务进乡村等，这些政策扶持为京郊蜂产品市场的发展提供了有力支持。

3. 产业链条完善

京郊地区已经形成集蜜蜂种业、养殖、授粉、蜂产品深加工、蜜蜂文化和蜜蜂旅游于一体的产业链条。例如，密云区建立了"公司+合作社+基地+

农户"的蜂产业模式,推动了蜂产业的规模化发展。这种完善的产业链条为京郊蜂产品市场的发展提供了更多机遇。

4. 多元融合发展机遇

北京市作为全国重要的旅游城市,京郊地区依托蜂产业开展了一系列文旅活动,如世界蜜蜂日(5·20)主题活动、北京蜜蜂文化节、冯家峪镇"割蜜节"等,吸引了大量游客前来参观、体验。这些文旅融合项目不仅提升了京郊蜂产品的知名度,还为当地带来了可观的经济收益。除了文旅产业,京郊蜂产业还可以与养生、养老等产业进一步结合,京郊蜂产品市场将迎来更多发展机遇。

5. 多元化销售渠道

电子商务和社交媒体的兴起,为蜂产品销售提供了新的渠道和宣传平台。京郊蜂产业既可以利用淘宝、京东、拼多多等大型传统电商平台,开设京郊蜂产品旗舰店,直接面向全国消费者销售,也可以在微信、微博等社交媒体平台上开展营销活动,如发放优惠券、限时折扣等,吸引更多潜在客户,还可以通过直播带货、短视频营销等新兴电商模式,增强与消费者的互动,提升品牌知名度和销售量,还可以利用跨境电商平台,将京郊蜂产品销往海外市场,拓展国际业务。多元化的销售渠道为京郊蜂产品提供了更多的市场机会,充分利用这些渠道,可以更有效地推广产品、扩大市场份额并提升品牌影响力。

6. 科技创新助力

随着科技的不断进步,蜂产品的生产工艺也不断创新,产品开发力度将不断加大,这无疑为市场发展注入新的活力。例如,通过引入智能蜂箱等信息化技术,京郊蜂场可以实现养蜂过程的自动化与智能化管理。相比传统养殖方式,智慧养蜂不仅提高了养蜂管护效率,还显著提升了蜂蜜的品质。例如,在北京市房山区蒲洼乡,北京农学院专家围绕中华蜂蜜有机食品国际认证,为蜂农开展有机成熟蜜生产标准与技术培训,指导蜂农通过手机云端掌握智能蜂箱动态数据变化,包括温湿度、噪声环境参数、重量变化、蜂王状态、蜜蜂进出量等信息,帮助蜂农实现科学养蜂、规范生产。据统计,智能蜂箱的引入,使蜂农的收入翻了一番,蜂蜜的收购价也提升了近4倍。再如,北京农学院师生通过改良产蜜方法,推出多箱体成熟蜜生产技术,即在原有蜂箱上再加一层,增大储蜜空间,同时,给蜜蜂留足把水蜜转化为成熟蜜的时间,提高蜂蜜品质,这样一来,蜂蜜的收购价提升了一到两倍。这种技术创新，不但延长了蜂蜜的酿造时间，提升了蜂蜜的品质，而且为京郊蜂产品带来了更高的市场价值。

7. 国际合作与交流加强

随着国际合作与交流的日益加强，京郊蜂产业可以借鉴并吸收国际蜂业的先进技术。这种合作有助于推动蜜蜂健康养殖技术的革新，提高蜂产品的质量。例如，可以引进国际一流的产前基础研究，对标国际先进机构，提升自主创新能力，解决蜂业转型时期的关键性技术问题。

国际合作与交流还为京郊蜂产品提供了更多元的市场机遇。通过与国际市场接轨，京郊蜂产品可以进一步提高其知名度和竞争力，从而拓宽销售渠道，增加出口量。

国际合作与交流还为京郊蜂产业带来了更多的发展思路和模式。与国际接轨，可以推动蜂产业与其他产业的融合发展，增加蜂产品的附加值和市场竞争力。

4.5.4 威胁

1. 市场准入门槛提高

随着食品安全标准的提升和监管力度的加强，蜂产品市场的准入门槛不断提高。

首先，更高的市场准入标准通常意味着蜂农和蜂产品加工企业需要投入更多的资金来满足新的安全、卫生和质量要求。这包括改进生产设备、提升加工工艺、加强质量检测等方面的投入。对于京郊的小规模蜂农或加工企业来说，这些额外的成本可能会对其经营造成压力。

其次，更高的市场准入标准，可能要求蜂产品从源头到销售终端的整个供应链都更加透明和可追溯。这对于京郊的蜂农和加工企业来说，可能意味着需要更加精细地管理供应链，包括与供应商、分销商等建立更紧密的合作关系，以确保产品质量。这无疑提高了供应链整合的难度和成本。

最后，随着监管的加强，未能及时适应新标准的企业可能面临违规的风险，包括罚款、产品召回甚至被禁止进入市场等。对于规模较小、资源有限的京郊蜂产品从业者来说，这种违规风险尤为严峻。

2. 市场竞争激烈

国内蜂产品市场竞争日益激烈，不仅面临来自其他地区蜂产品企业的竞争，还要应对进口蜂产品品牌的冲击。

首先，京郊蜂产品可能面临市场份额被挤压的风险。国内外大型蜂产品企业可能拥有更强大的品牌影响力和市场份额，京郊蜂产品若无法在质量、口感、包装等方面脱颖而出，很可能在市场上难以立足。

其次，为了争夺市场，竞争对手可能会发起价格战。京郊蜂产品若被迫卷入其中，可能会面临降低成本以维持价格竞争力的压力，进而导致利润下降，甚至可能出现亏损。

最后，国内外市场对于蜂产品品质和标准的要求可能不同，京郊蜂产品需要适应多种标准，甚至可能面临更严格的检验和认证要求。这增加了生产和销售的复杂性，也可能提高成本。

3. 替代品竞争

随着科技的发展，市场上涌现出各种蜂产品的替代品，这可能会对蜂产品市场造成一定的冲击。

首先，如果市场上存在可替代京郊蜂产品的其他产品，如其他地区的蜂产品、人工合成的甜味剂或具有类似营养价值的食品，消费者可能会转向这些替代品。这种转向会导致京郊蜂产品的市场份额被侵蚀，从而影响其销售和盈利能力。

其次，随着替代品在市场上的推广和消费者口味的变化，消费者可能会逐渐偏好替代品。这种偏好变化可能基于价格、口感、营养价值、品牌形象或其他市场营销活动。一旦消费者形成新的消费习惯，京郊蜂产品可能会面临持续的需求下降。

最后，替代品通常会在价格上与京郊蜂产品展开竞争，特别是当替代品具有成本优势时。这种价格竞争可能会迫使京郊蜂产品降低价格以维持市场份额，从而影响其利润空间。

综上所述，京郊蜂产品市场具有一定的优势和发展机遇，但也面临着一些劣势和威胁。为了推动京郊蜂产品市场的持续健康发展，京郊蜂产品从业人员应该抓住市场机遇，发挥自身优势，克服劣势，不断提升产品品质和技术创新能力，以应对激烈的市场竞争和不断变化的消费者需求。同时，政府、企业和科研机构等各方应加强合作与交流，共同推动京郊蜂产业的创新与升级。

4.6 京郊蜂产品市场的营销策略

4.6.1 产品策略

1. 产品多元化策略

合作社提供多种蜂产品,可以满足不同消费者的需求。例如,北京奥金达蜂产品专业合作社不仅提供蜂蜜,还提供蜂王浆、蜂胶、花粉等多种蜂产品。这种多元化的产品策略有助于拓宽销售渠道,增加合作社的收入。

2. 品质优先策略

合作社非常注重产品的品质,严格按照相关标准进行生产,确保产品的质量和安全性。例如,北京京纯养蜂专业合作社执行多项国际、国家及行业标准,并制定企业标准,以确保蜂蜜等蜂产品的品质。此外,还进行批次号管理,每瓶蜂蜜都可追溯到具体生产的蜂农,从而增强了产品的可信度。

3. 品牌化策略

合作社通过注册商标、参加展会和交易会等方式,提升品牌知名度和影响力。例如,北京奥金达蜂产品合作社的"花彤"牌蜂产品被授予"中国驰名商标"称号,北京京纯养蜂专业合作社注册了"京密""京纯"等商标,并积极参加各类活动以提升品牌曝光度。这种品牌化策略有助于增强消费者对产品的信任和认可,进而提高销售额。

4. 创新研发策略

合作社不断创新,研发新产品和新技术,以满足市场需求。例如,北京奥金达蜂产品专业合作社通过引进国际先进的现代化全自动蜂蜜生产线,建立了国内首个先进的成熟蜂蜜生产体系,合作社获得了"蜂蜜破浆机""蜂群自动编码管理软件"等知识产权,通过技术创新提升产品竞争力,还开发了智慧蜂业管理平台,实现了全产业链的动态监控、透明管理和全程追溯,推动蜂产业向高端化、产业化、智慧化发展。

北京京纯养蜂专业合作社也研发生产了原生态巢蜜产品,并制定了相关技术标准,这些巢蜜产品以外观好、质量优、产品稳定等特点受到认可。此外,该合作社还开发了多种衍生产品,如蜂胶液、荆花蜜面膜等,提升了产品附加值。

5. 绿色环保策略

合作社依托京郊优良的生态环境，生产绿色、有机的蜂产品。例如，北京神农之乡养蜂专业合作社的蜂产品生产基地位于密云深山，环境优美，自然资源丰富，为生产优质蜂产品提供了得天独厚的条件。这种绿色环保策略适应了当前消费者对健康、环保产品的追求。

4.6.2 价格策略

北京京郊的蜂农合作社，如北京奥金达蜂产品专业合作社，会采取多种价格策略来确定其产品的价格。虽然具体的价格策略可能因合作社的具体情况、市场定位以及产品特性而有所不同，但以下是一些常用的价格策略。

1. 市场渗透定价策略

对于新推出的蜂产品，合作社可能会采用相对较低的价格来吸引消费者试用，通过口碑传播逐渐提升产品的市场份额。例如，合作社可能在新品上市时提供优惠活动，如买一送一或折扣促销，以降低消费者的购买门槛。

2. 价值定价策略

考虑到蜂产品的优质和独特性，合作社可能会根据产品的实际价值来设定价格。例如，若蜂蜜的品质特别高，口感纯正，合作社可能会将其定位为高端蜂蜜，并据此设定一个相对较高的价格。

3. 成本加成定价策略

合作社可能会在蜂蜜的生产成本（包括养殖、采集、加工、包装等费用）基础上加上一个合理的利润百分比来设定价格。这种方式能够确保合作社在覆盖成本的同时实现盈利。

4. 竞争导向定价策略

考虑到市场上同类产品的价格，合作社可能会根据竞争对手的定价来调整自己的价格策略。如果竞争对手的价格较低，合作社可能会适度降价以保持市场竞争力；反之，如果合作社的产品具有独特的优势，也可能会设定高于市场价的价格。

5. 差别定价策略

对于不同的产品或者不同的客户群体，合作社可能会采用不同的价格。例如，对于有机蜂蜜或者特殊的蜂蜜（如含有特定花粉种类的蜂蜜），合作社可能会设定更高的价格，而对于普通蜂蜜或者针对大宗采购的客户，合作社可能会提供更具竞争力的价格。

6. 心理定价策略

合作社可能会利用消费者对价格的感知来设定价格，例如，将价格设定为 99.9 元而不是 100 元，尽管差别很小，但消费者在心理上会更容易接受前者。

4.6.3 渠道策略

京郊蜂农合作社通常会采用多种渠道策略，以更有效地将产品销售给消费者。以下是一些典型的渠道策略。

1. 直接销售渠道

（1）线下直销店

蜂农合作社可能会在本地设立直销店，直接向消费者销售蜂蜜和其他蜂产品。这种方式可以建立品牌形象，并提供一个与消费者直接互动的平台。

（2）蜂场直供

蜂农合作社可能允许消费者直接前往蜂场购买产品，这样消费者可以亲身体验蜂场环境，了解蜂蜜的生产过程，从而增强对产品的信任。

2. 间接销售渠道

（1）合作商店与超市

蜂农合作社与当地的商店、超市建立合作关系，将产品批发给它们进行销售。例如，北京奥金达蜂产品专业合作社的蜂产品已经成功进入北京多家商超，如物美、超市发等，并以"花彤"牌为代表，在市场上占有了一定的份额，形成了一定的影响力。这种方式可以扩大产品的覆盖范围，使更多消费者接触到蜂产品。

（2）线上电商平台

合作社可以利用淘宝、京东等电子商务平台开设网店，进行在线销售。电商平台具有流量大、覆盖面广的优势，能够帮助合作社拓展全国甚至国际市场。

3. 创新销售渠道

（1）"蜂旅融合"模式

一些蜂农合作社结合密云区优美的自然环境和丰富的蜂文化，开发"蜂旅融合"项目，吸引游客前来参观蜂场、体验采蜜过程并购买蜂产品。例如，冯家峪镇的北京保峪岭养蜂专业合作社就通过"崖壁蜂场"的奇特景观和"割蜜节"的采蜜活动吸引了大量游客，有效地促进了蜂蜜销售。

（2）社交媒体营销和直播营销

一些合作社还通过微信、微博等社交媒体进行产品推广和销售。例如，北京欢乐蜂场等合作社就在社交媒体上发布蜂产品的制作过程、蜂场的日常管理等内容，增加消费者对产品的了解和信任。

4. 合作与联盟策略

（1）与其他农业合作社或企业合作

与其他农业合作社或企业建立合作关系，共同开展市场营销活动，有利于提高产品的知名度和销售量。例如，北京海鲸花养蜂、北京金华林养蜂等合作社就与北京市蜂业龙头企业建立了合作关系。

（2）加入行业协会或组织

加入相关的行业协会或组织，参与行业展览、交流会等活动，与行业内其他企业和专家建立联系，有利于拓展销售渠道和资源。

4.6.4　促销策略

京郊蜂农合作社在促销策略上会采用多种方式，以增加产品销量、提升品牌知名度并吸引更多消费者。以下是一些常用的促销策略。

1. 节假日促销

在重要的节假日（如春节、中秋节、国庆节等），合作社会推出限时折扣、买赠活动等，以吸引消费者在这些时段购买。

2. 会员专享优惠

蜂农合作社会制定会员制度并为会员提供专享优惠，如积分兑换、会员日折扣、会员专属礼包等，以此鼓励消费者成为会员并增加其忠诚度。

3. 新品推广活动

合作社推出新产品时，会开展免费试吃、试用活动，或者提供新品上市的特别优惠，以吸引消费者尝试并购买新产品。

4. 线上互动促销

通过社交媒体平台（如微信、微博）进行互动，如转发抽奖、点赞优惠等，利用用户的社交网络进行口碑传播，同时增加品牌曝光度。

5. 搭配销售

合作社可能会将不同的蜂产品搭配销售，如蜂蜜与蜂王浆、蜂胶等产品组合，以此提高单笔交易的金额和产品的销售量。

6. 跨界合作促销

与其他产业（如旅游业、健康食品业等）合作，联合开展促销活动。例如，与旅游景点合作，凭景点门票购买蜂产品可享受优惠等。

7. 季节性促销

根据蜂蜜采集的季节性特点，合作社会在特定的采蜜季节进行促销，强调新鲜蜂蜜的上市，以此吸引对新鲜食材有需求的消费者。

8. 公益活动与品牌宣传

合作社会参与或组织公益活动，如支持当地社区项目、环保活动等，并在活动中宣传自己的品牌和产品。这种方式既提升了品牌形象，也提高了消费者对产品的关注度。

5 国内外蜂产品营销的先进经验

5.1 新西兰蜂产品营销的先进经验

5.1.1 精准的市场定位

新西兰蜂产品在全球市场上的成功，得益于其精准的市场定位。新西兰蜂产品的市场定位主要基于其优质的品质和独特的地理条件。

1. 高品质定位

新西兰蜂产品以其纯净的自然环境和严格的监管标准闻名，因此被定位为高品质产品。例如，新西兰麦卢卡蜂蜜被誉为"世界蜂蜜产品王冠上的一颗明珠"。

2. 天然健康定位

新西兰蜂产品天然、无污染的特点，满足了现代消费者对健康食品的追求。在市场推广中，新西兰蜂产品企业强调其产品来源于纯净的自然环境，无添加、无污染，是追求健康生活消费者的首选。

新西兰蜂产品企业针对注重健康饮食和追求高品质生活的消费群体，通过深入了解这一目标市场的需求和偏好，准确把握其心理，从而提供符合市场需求的产品。

5.1.2 精细的产品细分

1. 基于不同蜜源的产品细分

新西兰拥有多样的蜜源植物，如麦卢卡树、三叶草等。企业可以根据不同蜜源植物的特性，生产出具有独特风味和营养价值的蜂产品。例如，麦卢卡蜂蜜因其独特的价值和口感而受到高端市场的青睐。

2. 针对不同消费者群体的产品细分

新西兰蜂产品企业会根据不同消费者群体的需求进行产品细分。例如，针对儿童市场，企业可能推出口感更加甜美、包装更加吸引儿童的蜂产品；针对健康意识强的成人消费者，可能推出低糖、有机或者具有特定健康功效的蜂产品。

3. 功能性产品细分

除了基本的蜂产品，新西兰蜂产品企业还开发出具有特定功能的蜂产品，如蜂胶、蜂王浆、蜂花粉等，这些产品为消费者提供了更多选择。

4. 定制化和个性化服务

为了满足消费者的个性化需求，新西兰蜂产品企业还提供定制化的服务。例如，根据消费者的口味偏好、健康状况或特殊饮食需求，为其定制专属的蜂产品配方。

5.1.3 严格的质量控制与认证体系

新西兰蜂产品企业注重生产过程的每一个环节，从蜜源选择、蜜蜂养殖到蜂蜜采集、加工和储存，都遵循国际标准和食品安全规定。

1. 明确的产品定义与标准

以麦卢卡蜂蜜为例，新西兰初级产业部通过科学测试，确定了麦卢卡蜂蜜的定义，以验证其纯正性——验证蜂蜜中特定化学成分的含量以及麦卢卡花粉的 DNA 等。

2. 严格的评级体系

麦卢卡蜂蜜的抗菌性有两种主要的评级体系：UMF 和 MGO。

UMF 体系是通过检测蜂蜜中甲基乙二醛、独特麦卢卡因子、二羟基丙酮和羟甲基糠醛（HMF）等的含量，将蜂蜜分为不同等级。

MGO 体系则是检测蜂蜜中甲基乙二醛的含量，将蜂蜜分为不同的等级。

3. 政府监管与供应链追踪

新西兰政府对蜂产品的质量控制非常严格。新西兰初级产业部（MPI）负责监管并确保蜂产品符合进口国家的要求，通过供应链追踪来改善蜂产品的质量。

此外，新西兰政府对养蜂业有严格的规范，要求蜂农对蜂箱进行登记注册，并立法禁止蜂农使用抗生素喂食蜜蜂等。

4. 国际合作与召回制度

在出现质量问题时，新西兰政府会及时采取行动，包括全球召回涉事产品。新西兰政府还与中国等国家的质量检验检疫部门加强合作，以确保问题产品不会流入相应市场。

5. 先进的科技支持

新科技被应用于蜂产品的认证过程，如使用 DNA 检测来验证麦卢卡花粉的真实性，确保产品的纯正性。

6. 消费者了解与信任

新西兰政府通过各种渠道向消费者普及新西兰蜂产品的特点、质量标准和认证体系，增强消费者对产品的了解和信任。

5.1.4 创新的营销策略

通过创新的营销策略，新西兰蜂产品企业能够更好地将细分产品推向市场。下面以具体的企业为例进行相应介绍。

1. 多样化的宣传策略

小糖军团作为一家跨境电商，通过多样化的宣传策略成功地推广了纯正的新西兰蜂蜜。小糖军团不仅利用社交媒体平台进行广告宣传，还通过搜索引擎优化和更广泛的线上线下媒体传播来提高品牌曝光率。

小糖军团的成功源于其多样化的宣传策略和在各个阶段的不断创新。其利用在多个国家推广的机会，以品牌塑造为中心，以增强自身存在感为方向，快速地占领了市场。

2. 创新产品形式

荷塔威推出了多种创新产品，例如，薄如纸片的"咔嚓蜜"、蜂胶口喷剂、麦卢卡蜂蜜润喉糖等，这些便于携带和食用的产品，满足了现代年轻人在碎片化时间下的养生需求，也进一步拓展了产品的应用场景和销售渠道。

3. 定制化内容

考虑到文化差异和语言障碍，小糖军团等跨境电商企业会进行内容定制，以确保品牌语言和内容与目标市场相关，并符合当地消费者的购买习惯。这种定制化的营销策略有助于更好地吸引并打动客户。

4. 口碑营销

口碑营销在现代营销中越来越重要。新西兰蜂产品企业也认识到了这一点，通过整合数字分析和社交媒体渠道，发动消费者进行反馈和分享，从而提高了品牌曝光率和知名度。

5.1.5　多元化的渠道拓展

新西兰蜂产品企业利用社交媒体、电商平台等线上渠道进行精准营销，同时结合线下实体店和体验中心，提供给消费者更多了解和体验细分产品的机会，举例如下。

1. 跨境电商平台

小糖军团等跨境电商平台的建立，为消费者在全球范围内购买新西兰蜂产品提供了便利。这种创新的销售渠道不仅突破了地域限制，还增强了产品的可达性，提高了销量。

2. 线下与线上相结合

荷塔威通过线下展会与线上直播相结合的方式，让更多消费者了解到麦卢卡蜂蜜和其他创新产品。这种线下与线上的结合，有效地拓展了销售渠道并提升了品牌知名度。

3. 传统商超渠道合作

针对线上销售中假货现象严重的问题，一些新西兰蜂产品企业选择与传统商超合作，采取直供模式，免除所有中间环节。这种渠道拓展方式，不仅保证了产品的真实性，也增加了消费者购买的便利性。

5.1.6　强化品牌故事与文化传播

新西兰蜂产品企业注重品牌故事的打造和文化内涵的传播，通过讲述蜂产品与新西兰纯净、自然环境的紧密联系，找准与消费者对于健康生活方式追求的契合点，增强消费者对品牌的认同感和忠诚度。

1. 构建独特的品牌定位

例如，新溪岛蜂蜜的品牌定位是将新西兰的生活灵感融入蜂蜜。该品牌希望传递"活得甜蜜，过得健康"的理念，通过融入新西兰本土的自然灵感，如鲜花和水果口味，打造独一无二的产品体验。这种定位不仅凸显了产品的独特性，还强化了品牌与新西兰文化和自然的紧密联系。

2. 联名合作与跨界营销

新溪岛与茶饮品牌茶桔便的联名合作是一个典型案例。它们通过推出"甜蜜能量站"活动和夏日限定款蜂蜜花果饮品，使蜂蜜与茶饮进行了甜蜜"牵手"。这种跨界合作不仅拓宽了蜂蜜的饮用场景，还得到了年轻人的喜爱，有效地传播了新西兰蜂蜜的品牌故事和文化。

3. 传承历史与文化

纽天然蜂蜜作为新西兰具有"出口品质"的真正原装蜂蜜，其品牌故事来源于新西兰的历史和文化，这成了品牌独特的文化资产。

4. 科技赋能与品质保证

一些新西兰蜂产品品牌还通过科技手段来强化品牌故事和文化传播。例如，利用食品科技研发力量来提升产品价值，同时通过严格的品质把控和政府监管来确保产品的纯天然和高品质。这不仅增强了消费者对产品的信任，也进一步传播了新西兰作为纯净、天然食品产地的形象。

5. 打击假货与维护品牌形象

针对线上渠道假货泛滥的问题，新西兰蜂产品企业与线下商超合作，采取直供模式来确保产品的真实性和品质。这种做法不仅保护了消费者的权益，也维护了新西兰蜂蜜品牌的良好形象和声誉。

5.1.7 全球化的市场合作

新西兰蜂产品企业积极寻求国际合作，将产品销往世界各地，其针对不同地区消费者的需求和市场特点，进行本土化营销策略的调整，以确保产品在不同市场均能取得良好的销售业绩。以下为常用的市场合作途径。

1. 与全球分销商建立合作关系

以蜜纽康为例，该品牌已经出口到全球五大洲的多个国家和地区，通过与各地分销商合作，成功进入并稳定了多地市场。

2. 参与国际展览与活动

新西兰蜂产品企业积极参加国际食品展览和交流活动，如国际蜂产品博览会，通过展示高品质产品来吸引全球买家的注意。

5.1.8 科研投入与产品开发

新西兰蜂产品企业重视科研投入，不断开发新产品和改良现有产品。除了传统的蜂蜜产品，还生产医用衍生品等，以满足市场的多样化需求。

1. 科研投入

（1）建立专业的研发团队

新西兰蜂产品企业通常会组建专业的研发团队，这些团队由蜜蜂养殖专家、生物学家、食品科学家等多领域的专业人员组成。他们的主要职责是研究蜜蜂的养殖技术、蜂产品的成分与功效，以及开发新产品。

（2）投入先进的科研设备

为了进行高质量的科研活动，新西兰蜂产品企业会投入资金，用以购买先进的科研设备，如高效液相色谱仪、气相色谱仪等，用于精确分析蜂产品的化学成分，确保产品的质量和安全性。

（3）与高校及研究机构合作

新西兰蜂产品企业会积极与国内外高校和研究机构建立合作关系。例如，与新西兰的大学或研究所合作，共同开展关于蜜蜂养殖、蜂产品开发等方面的项目研究。

2. 产品开发

（1）创新产品种类

基于科研成果，新西兰蜂产品企业会不断推出新的产品种类，除了传统的蜂蜜、蜂王浆等产品，还可能开发出含有特定功效成分的蜂产品，如针对特定健康需求的蜂蜜保健品。

（2）提升产品品质

通过研究和改进蜜蜂养殖技术，企业可以提高蜂产品的品质。例如，通过优化养殖环境、改进饲养管理等手段，提升蜂蜜的口感、价值等。

（3）注重可持续发展

在产品开发过程中，新西兰蜂产品企业特别注重可持续发展和环保理念。例如，研究如何利用废弃的蜂巢或蜂蜡等材料，开发出环保且具有市场潜力的新产品。

5.2　德国蜂产品营销的先进经验

5.2.1　品质保证与严格标准

德国蜂产业具有先进的技术和严格的质量控制。例如，琅尼斯蜂蜜建立了自己的养蜂场，并严格按照高于欧盟食品卫生标准的企业标准来检测和生产蜂蜜，确保每一瓶蜂蜜都是高品质的。这种对品质的极致追求，保证了产品的安全性和高品质，从而赢得了消费者的信任。

德国蜂产品还通过 HACCP、ISO 等多项认证，进一步增强了市场竞争力。这些认证不仅证明了产品的品质，也展示了企业对消费者负责的态度。

5.2.2　创新的产品线

德国蜂产品企业注重产品创新。例如，琅尼斯蜂蜜旗下有十几种蜂产品，包括珍稀蜜种和大众蜜种，以满足不同消费者的需求。这种多样化的产品线策略，使其能够更好地满足市场需求，提高销售额。

5.2.3　独特的品牌定位

德国的蜂产品企业往往有独特的品牌定位。以琅尼斯蜂蜜为例，该品牌强调产品的独特口味和自然属性。例如，黑森林蜂蜜强调自身含有大量的活性酶、氨基酸等营养物质。这些独特的产品特性成为品牌的卖点。

琅尼斯蜂蜜在生产过程中还拒绝添加氯霉素，并通过先进的全封闭、全过程计算机控制流水线来严格控制产品品质，防止二次污染。这种对自然、健康理念的强调，符合现代消费者对健康、环保的追求。此外，其采用"以蜜养蜂"而不是"人造糖浆"的可持续养殖方式，这种做法不仅保证了蜂蜜的质量，也体现了企业的环保意识和社会责任意识。

5.2.4　国际化营销策略

德国蜂产品企业积极参与国际大型博览会和食品展，如琅尼斯蜂蜜多次参加 SIAL、Anuga、FHA 等国际大型博览会，并受邀参加 CIIE（中国国际进口博览会）。这些活动不仅提升了品牌的国际知名度，增强了消费者对品牌的信任，还打开了更广阔的市场。

5.2.5　支持自然公益事业

德国蜂产品企业还积极支持自然公益事业。例如，琅尼斯蜂蜜曾为世界自然基金会捐款，以促进自然产业发展、惠及消费者。这种公益行为不仅提升了企业的社会形象，也有助于培养消费者的品牌忠诚度。

5.2.6　强大的市场需求支撑

德国是世界上蜂蜜人均消费很高的国家，强大的消费需求为蜂产品营销提供了广阔的市场空间。德国蜂产品企业能够充分利用这一市场需求，通过高品质的产品和有效的营销策略来占领市场份额。

5.3 我国森蜂园蜂产品营销的先进经验

5.3.1 紧跟市场趋势，及时调整策略

1. 洞察消费者需求与市场变化

森蜂园通过市场调研，发现随着社会发展，人们更加关注健康，消费者对于保健品的需求日益增加。因此，森蜂园推出了满足消费者保健需求的蜂产品。

2. 线上线下融合营销

森蜂园在电子商务和互联网营销快速发展的背景下，及时调整营销策略，从传统的专卖店销售模式转变为线上线下相结合的新型营销模式。这种灵活性使森蜂园能够迅速适应市场变化，抓住新的商业机会。

3. 价格策略与优惠活动

森蜂园根据市场情况和消费者需求，制定合理的价格策略，并通过优惠活动来刺激消费者购买。森蜂园设定了不同级别的代理价格，以及团体购买和零售价格，以满足不同消费者的购买需求。同时，通过打折、赠送赠品等优惠活动来吸引消费者购买。

5.3.2 重视体验式消费

1. 建立体验中心

森蜂园建立了一个以体验式消费为主的体验中心，实现了线上线下的有机结合（O2O）。这个体验中心不仅让消费者在舒适的环境中亲身体验产品的出众品质，还通过产品性能和文化知识展示，让消费者更深入地了解产品。在这里，消费者可以切身体会到产品的实际效果，从而做出更明智的购买决策。

2. 创新门店形式

森蜂园还推出了新零售集盒店，这是一种年轻、时尚、健康、增值服务、食养顾问五维一体的线下体验式门店。在这种门店，消费者可以享受到颠覆性的全景式消费体验。蜂蜜产品被巧妙地匹配到不同的日常使用场景中，流行文化和健康关怀在这里完美融合，消费者在线下门店就能身临其境地感受

到蜂蜜饮食的全新玩法。

3. 产品研发与场景匹配

森蜂园不断追求突破创新，将蜂蜜融入不同产品形态，如小红花勺蜜、蜂蜜薯条、蜂蜜坚果等，这些产品都非常适合年轻人群在工作、娱乐、学习、健身等多种场景中便捷享用。通过这种方式，森蜂园不仅满足了消费者的不同需求，还让消费者在享受美味的同时也能体验到健康生活的乐趣。

4. 跨界合作与产品创新

森蜂园还通过跨界合作和产品创新来丰富消费者的体验。例如，森蜂园首家蜂蜜养生集合店除了传统的蜂蜜制品，还创新推出了奶茶、月饼等跨界产品。这些产品不仅拓宽了森蜂园的产品线，还让消费者在品尝美味的同时感受到蜂蜜的良好功效。此外，森蜂园还通过蜂蜜饮品化将健康的养生观念推荐给更多消费者，特别是年轻的消费者，这进一步提升了消费者的体验感。

通过打造体验式消费中心，森蜂园让消费者在舒适的环境中亲身体验产品，这不仅增强了消费者对产品的认知和信任，也提升了其购买意愿。体验式消费成为森蜂园吸引和留住客户的重要手段。

5.3.3 创新产品与服务

1. 产品创新

（1）低 GI（血糖生成指数）蜂蜜产品

森蜂园甄选高品质蜜源，率先推出低 GI 蜂蜜产品。这种蜂蜜经过专业机构检测，符合低 GI 食品标准，为控糖人群提供了清晰的"数字"依据。此外，森蜂园创新性地采用了轻巧卡片产品包装，这使产品便于携带和食用，满足了消费者对健康生活的追求。

（2）跨界产品

森蜂园不再局限于传统的蜂蜜产品，还开发了一系列跨界产品，突破了传统蜂蜜产品的边界。

（3）独特配方

森蜂园产品具有独特配方，保留了蜂蜜的天然营养和清新口感。

2. 服务创新

（1）体验式消费

森蜂园通过建立新零售集盒店，实现了线上线下的有机结合。在门店中，消费者能体验到颠覆性的全景式消费。

（2）食养顾问服务

森蜂园的新零售集盒店不仅是零售店，更是线下体验店，店内配备了食养顾问，可以提供专业的蜂蜜养生建议，帮助消费者更好地选择和使用蜂产品。

（3）联名合作

森蜂园与迪士尼等知名品牌进行联名合作，推出了限量款、独家发售的蜂蜜产品，有效刺激了消费者的购买欲望，增强了品牌影响力。

3．技术创新

（1）包装专利

森蜂园首创的便携式勺蜜拥有国家包装专利，这种创新设计不但方便消费者携带，而且满足了年轻消费者对快节奏生活的追求。

（2）质量监控

森蜂园采用先进的生产技术和严格的质量监控体系，确保产品的品质和安全性。

4．文化创新

（1）健康饮食新理念

森蜂园倡导"以蜜代糖，乐在健康"的大健康饮食新理念，通过产品和文化的传播，让更多的人了解蜂蜜的养生价值和健康的生活方式。

（2）文化宣传

森蜂园积极参与各种文化活动和展会，通过展示和宣传，丰富了品牌的文化内涵，提升了品牌影响力。

森蜂园不断推出创新产品，满足年轻人的快生活需求，拉近与年轻消费群体的距离。此外，森蜂园还提供套餐自我组合、蜂蜜自由灌装等服务，满足消费者的个性化需求。

5.3.4　精准营销与客户关系管理

1．精准营销

（1）消费者分析与定位

森蜂园通过市场调研，深入分析消费者的购买动机、需求偏好和消费习惯。森蜂园发现，现代消费者普遍关注健康养生，特别是年轻人对于便携、健康的食品有着更高的需求。因此，森蜂园将目标消费者定位为追求健康、高品质生活的年轻人群，以及注重养生、对蜂产品有特殊需求的人群。

（2）产品差异化策略

针对不同消费者群体的需求，森蜂园推出了多种系列和类型的蜂产品，如便携式勺蜜、低 GI 蜂蜜、特殊功效的蜂胶软胶囊等，以满足不同消费者的个性化需求。

在产品包装和宣传上，森蜂园也注重与目标消费者沟通，采用年轻化的设计风格和语言，提升产品的吸引力和亲和力。

（3）渠道精准投放

森蜂园通过线上社交媒体、电商平台和线下门店等多种渠道进行产品的推广和销售。针对线上渠道，森蜂园通过精准的广告投放，以及和关键意见领袖合作，将产品信息传递给目标消费者。

线下门店则通过地段选择、门店装修和产品陈列等方式，提升消费者的购物体验和品牌认知度。

2. 客户关系管理

（1）建立客户数据库

森蜂园通过会员制度、线上平台等方式收集客户信息，建立客户数据库。对客户数据进行分析，可以帮助森蜂园更加深入地了解客户需求和偏好，为精准营销提供数据支持。

（2）提供个性化服务

森蜂园根据客户的购买记录、信息反馈等，为客户提供个性化的服务。例如，针对经常购买蜂蜜的客户，森蜂园会定期推送新产品信息和优惠活动；对于有特殊需求的客户，森蜂园会提供定制化的产品和服务。

（3）加强客户沟通与互动

森蜂园通过线上社交平台、客服热线等方式与客户保持沟通，及时回应客户的问题。同时，森蜂园还会举办线下活动，如健康讲座、产品品鉴会等，增强与客户的互动和联系。

（4）客户忠诚度提升

森蜂园通过优质的产品和服务，以及个性化的营销策略，提升客户的忠诚度和复购率。例如，针对会员客户，森蜂园会提供积分兑换、会员专享优惠等福利，鼓励客户多次购买和长期关注。

利用 CRM（客户关系管理）系统，森蜂园进行大数据分析，精准定位不同消费者的需求，为其提供有针对性的产品和服务。通过以上措施，森蜂园在蜂产品营销过程中实现了精准营销与客户关系管理的有效结合，不仅提高了营销效率，提升了品牌知名度和市场份额，也增强了客户的满意度和忠诚度。

5.3.5　多元化合作与品牌联名

1. 多元化合作

（1）产业链合作

① 原料合作：森蜂园的主要产品原料均来自长白山养蜂基地，与优质原料产地的合作，确保了森蜂园产品的品质。

② 生产合作：森蜂园与当地的农户、养蜂场建立了长期的合作关系，形成了一种产供销一体化的模式，确保了产品的稳定供应。

（2）跨行业合作

① 健康产业合作：森蜂园与一些健康产业中的企业合作，共同研发新产品，如与保健品公司合作推出蜂胶软胶囊等。

② 电商平台合作：森蜂园与京东、天猫等电商平台合作，拓宽了销售渠道，使更多消费者能够接触到森蜂园产品。

2. 品牌联名

（1）与迪士尼联名

森蜂园与迪士尼联名，推出了多款蜂蜜产品，如公主礼盒装包含 4 款不同口味的蜂蜜，每款都对应不同的迪士尼公主，这种联名方式深受年轻消费者喜爱。

（2）与其他品牌联名

森蜂园还与其他知名品牌联名，推出了具有特色的联名产品，进一步扩大了品牌影响力。

联名产品的包装设计独特，融合了双方品牌的元素，既体现了森蜂园的品质，也展现了联名品牌的特色，使产品更具吸引力。

森蜂园通过多元化合作与品牌联名的方式，成功地将品牌推向了更广阔的市场。与产业链上下游的合作，为森蜂园提供了稳定的原料和销售渠道；跨行业合作，则拓展了产品线的广度；与知名品牌的联名，则提升了品牌的影响力，吸引了更多消费者关注。这种多元化的营销策略，不仅丰富了森蜂园的产品线，也满足了消费者多元化的需求，为森蜂园的发展注入了新的活力。

5.3.6　保持产品品质与创新力

1. 保持产品品质

（1）严格把控生产环节

森蜂园蜂产品的主要原料均来自长白山养蜂基地，这一地区优质的蜜源和独特的生态环境，为森蜂园蜂产品提供了高品质的原料保障。

在生产过程中，从蜜源的选择、采集到生产工艺的控制，森蜂园都保持了高标准和严要求。无论是线上平台还是线下门店，森蜂园都始终以品质为核心，追求卓越和完美。

（2）全产业链控制

森蜂园是一家全产业链蜂产品企业，涵盖了从养蜂、采集、加工到销售的整个流程。这种全产业链的控制，使森蜂园能够更好地把控产品品质，确保产品的安全和卫生。

（3）产品检验与认证

森蜂园的产品都经过严格的检验和认证，符合国家相关标准和规定。森蜂园的蜂胶软胶囊等产品，都获得了相应的质量认证和食品安全认证。

2. 保持创新力

（1）产品创新

森蜂园不断推出新产品，以满足消费者的多元化需求。例如，推出了麦卢卡蜂蜜、OAF/食在有方等高端蜂产品，这些产品不仅具有独特的口感和营养价值，还体现了森蜂园在产品研发上的创新能力。

森蜂园还注重产品的包装设计，以使产品更具吸引力和实用性。例如，推出了便携式勺蜜等产品，方便消费者携带和使用。

（2）营销模式创新

森蜂园积极探索新的营销模式，如"O2O＋F2C＋CRM"相结合的销售模式。通过打造以体验式消费为主的体验中心，实现线上线下的有机结合，提升消费者的购物体验和品牌认知度。

森蜂园还利用社交媒体、电商平台等新媒体渠道进行产品推广和销售，扩大品牌影响力。

（3）市场创新

森蜂园不仅在上海等一线城市拥有众多门店，还积极开拓全国市场，并在电商平台设立旗舰店，以使更多的消费者接触到自身产品。

在国际市场上，森蜂园也积极参与国际展会和交流活动，提升品牌的国际知名度和影响力。

森蜂园视质量为生命，始终坚守产品品质，同时每年研发多种新产品，以满足市场的多变需求。这种对产品品质和创新力的坚持，为森蜂园赢得了消费者的信任和口碑。

5.4　我国花想蜂蜂产品营销的先进经验

5.4.1　创新的产品开发

（1）蜂蜡口红

花想蜂以天然原料制作"花想蜂·蜂蜡口红"产品，该蜂蜡口红出品后备受瞩目，吸引了许多消费者。

（2）土蜂蜜菜品

花想蜂成功地将"花想蜂"土蜂蜜的独特风味融入菜品，丰富了人们的饮食选择，同时也为中医药文化的传承与创新注入了新的活力。例如，通过在一些传统的菜品中添加适量的土蜂蜜，使菜品味道更加醇厚、甘甜，同时，土蜂蜜的营养成分也得到充分利用，菜品的营养价值得以增强。

（3）蜂蜜中药材

花想蜂还尝试将土蜂蜜与各种中药材搭配起来，以发挥其独特的药用效果。他们研发了一系列具有保健功能的产品，如蜂蜜炖梨、蜂蜜红枣茶等，这些产品不仅口感鲜美，还具有一定的营养补充作用。

花想蜂成功地对传统蜂产品进行了创新开发，这种创新不仅丰富了产品线，赋予了蜂产品新的应用领域，也为消费者带来了更多健康、天然的选择，吸引了更多消费者的关注。

5.4.2　注重产品品质

花想蜂注重蜂产品的品质，从源头控制质量，确保产品的纯天然和优质。

该品牌利用得天独厚的自然条件,采集优质的蜂蜜和其他蜂产品原料。这种对产品品质的严格把控,赢得了消费者的信任和口碑。

5.4.3 强化品牌故事和文化

花想蜂的品牌名称富有诗意和寓意,通过讲述花和蜜蜂之间相互依存、互惠互利的关系,传递了品牌与自然和谐共生的理念。这种独特的品牌故事和文化,增强了消费者对品牌的认同感和归属感。

5.4.4 多元化的营销策略

花想蜂采用了多元化的营销策略,包括线上线下的宣传推广、与高校和科研机构的合作、参加各类农业科技创新和创业大赛等。这些策略有效地提升了品牌的知名度和影响力,吸引了更多潜在客户。例如,花想蜂在全国农村创业创新大赛和陕西省农业科技创新创业大赛中屡获殊荣,这些荣誉不仅证明了产品的实力,也为品牌带来了更多的曝光机会。

5.4.5 社会责任感与助农扶贫

在发展过程中,花想蜂积极承担社会责任,助力当地农民脱贫致富。花想蜂通过采购农民的蜂产品,以及提供技术支持和设备援助等方式,帮助农民提高产量和品质,实现共赢。这种社会责任感不仅提升了品牌形象,还促进了企业与社会的和谐发展。

5.5 我国蜂乜水营销的先进经验

5.5.1 产品创新

蜂乜水首创蜜水分置储存、拧压即配式液体溶质饮料功能瓶盖技术,推出了新一代即调蜂蜜水饮料,这种创新的产品形式,为消费者提供了便捷的饮用体验,改变了传统蜂蜜消费场景,利用蜂蜜制作即饮饮料,从而延伸了蜂蜜消费场景和消费人群。这种创新既满足了市场的新需求,也为蜂乜水开拓了新的市场空间。

5.5.2 精准定位

蜂乜水以"原纯即配蜂蜜水"为定位,强化了即配认知和原纯味、不添加的产品概念。这种定位策略使蜂乜水在市场上与其他预调蜂蜜饮料形成了差异化区隔，从而吸引了消费者的注意。

5.5.3 品牌诉求

蜂乜水立足"真"的品牌定位，致力于打造消费者放心的蜂蜜品牌。这种品牌定位策略增强了消费者对产品的信任，提高了品牌的知名度和美誉度。

5.5.4 目标市场选择

蜂乜水面对蜂蜜水饮料市场还处于导入期的市场现状，精准地选择了目标市场。该品牌更多地面向年轻人营销，通过引起年轻人的注意来刺激他们的购买欲望。这种精准的目标市场选择策略，使蜂乜水能够更好地满足消费者的需求，进而提高销售额。

5.6 河南许昌蜂产品营销的先进经验

5.6.1 产业基础雄厚，历史悠久

许昌市，尤其是长葛市，有着悠久的蜂产业历史，这为蜂产品营销奠定了坚实的基础。长葛市佛耳湖镇的蜂业发展可以追溯到明清时期，改革开放以后，当地农民逐渐从传统的农业生产中解放出来，加入工业生产营销队伍，一批初具规模的企业逐渐形成，该地聚集了大量的蜂产品企业和养蜂户，形成了完整的产业链条。这种产业集聚效应为许昌蜂产品的营销提供了有力的支撑。

据统计，许昌市从事蜂产品、蜂机具交易的企业数量众多，年销售额可达数十亿元。其中，电商交易额占很大一部分比例，这显示出电子商务在许昌蜂产品营销中的重要地位。

5.6.2 电子商务和直播带货的有力推动

1. 电子商务

许昌市顺应时代趋势，积极引导村民和企业从事与蜂产业相关的电商经营。例如，佛耳湖镇成立了创业协会和电子商务协会，建设了电子商务平台，把蜂产品和蜂机具的交易搬到了互联网上。通过阿里巴巴、淘宝等电商平台，

许多企业建起了自己的网站，农户也建立了自己的网店。据统计，许昌市淘宝村、淘宝镇数量均居河南省前列，其中，有些以蜂产品为主打商品的村庄还登上了"农产品百强淘宝村"榜单。在这些村庄里，从事蜂产品、蜂机具交易的企业多达1500余家，年销售额约30亿元，其中，电商交易额占比超过60%，显示出电子商务在许昌蜂产品营销中的核心地位。这种"甜蜜产业"的电商集聚效应，极大地促进了许昌蜂产品的销售。

2. 直播带货

直播带货成为许昌蜂产品营销的一大亮点。通过直播平台，养蜂户和企业可以实时展示蜂产品的制作过程，增强消费者的信任。直播带货的互动性和真实性，为消费者提供了更加直观的购物体验。例如，有的养蜂户通过线上销售的模式，在直播间向粉丝推荐蜂蜜，将蜂蜜送入千家万户，显著提升了许昌蜂产品的知名度和销量。直播带货成为许昌蜂产品营销的新动力。

5.6.3　打通全产业链条，形成产业集群

许昌市以"企业+合作社+农户"的方式，打通了蜂产业全链条。以岗李村为例，该村通过这种方式带动了周边5000余户从事养蜂、原料收购、蜂机具加工等，并带动了5000余个电子商务网店的发展。这种全产业链的整合和产业集群的形成，极大地提升了许昌蜂产品的市场竞争力和品牌影响力。

5.6.4　积极拓展国际市场，实现出口创汇

许昌市积极拓展国际市场，通过加强对进口国准入标准及临时贸易措施的研究，畅通关企信息沟通渠道等，助力辖区蜂产品出口量大幅增长。许昌市已经成为全国极具影响力的蜂产品加工集散地，并且被评为"农产品（蜂产品）加工出口示范基地"和"全国蜂蜡出口基地"等。

5.7　贵州省贵阳市新堡村养蜂产业的先进经验

5.7.1　引入智慧养蜂技术

新堡村通过与相关公司合作，引入了智慧养蜂技术。这种技术在每一个蜂箱上都装有摄像头和监测温度、湿度的设备，使养蜂人可以远程观测

和管理蜂群状态，大大减少了人工投入与干预，同时保证了蜂蜜的质量。养蜂工人借助手机就可以远程监控蜜蜂的状态，及时处置突发情况。

5.7.2　采用"智慧+认养"模式

新堡村采用了"智慧+认养"的模式，客户可以通过"一号一码一箱一人"远程监控其认养的蜜蜂的产蜜过程。这种模式不仅增强了客户的参与感和信任，还为新堡村的蜂蜜销售开拓了新的渠道。

5.7.3　结合农旅融合产业发展

新堡村不仅将智慧养蜂技术应用于蜂蜜生产，还实现了农旅融合产业发展。新堡村打造了蜜蜂主题公园、蜜蜂科普馆等，吸引了大量游客前来参观学习。游客不仅可以在这里获取蜜蜂文化科普知识，观看生态养蜂的全过程，还可以品尝蜂产品。这种农旅融合的模式，不仅提高了新堡村的知名度，还为村民提供了更多的就业机会，进一步增加了村民收入。

5.7.4　政府和社会各界的支持

新堡村智慧养蜂项目的成功，离不开政府和社会各界的支持。他们在基地建设、技术提升、特色产业发展等方面发挥了积极作用。

5.8　"蜂二代"邱凯蜂产品营销的先进经验

5.8.1　把蜜蜂当宠物养

邱凯成功地将蜜蜂从传统的养蜂产业中"解放"出来，赋予了它们"宠物"的新身份。他通过设计小巧、美观、实用的宠物蜂箱，让消费者可以在家中轻松养蜂，从而观察蜜蜂的生活习性，感受蜜蜂的勤劳与智慧。

宠物蜂箱设计精美，既符合蜜蜂的生活习性，又方便消费者使用。这种蜂箱配备了专门的饲喂器、通风口、遮光板等设施，有利于蜜蜂健康成长。消费者可以通过透明的观察窗，随时观察蜜蜂在蜂箱内的活动情况，享受与蜜蜂亲密接触的乐趣。这种创新的营销策略，不仅增加了产品的趣味性，也极大地提升了消费者的参与度和体验度。

5.8.2 打造蜂情小镇

蜂情小镇集种蜂培育、蜂产品展示、蜜蜂文化体验于一体，为消费者提供了一个全面了解养蜂产业和蜂产品的平台。

在蜂情小镇，消费者可以参观种蜂培育长廊，了解不同品种蜜蜂的特点和养殖技巧，可以在蜂产品展示区品尝各种美味的蜂产品，还可以参与蜂蜜手工肥皂、蜂毒贴制作等活动，亲身体验养蜂产业的乐趣。此外，蜂情小镇还定期举办蜂旅文化节等活动，吸引更多游客前来参观体验。

据统计，蜂情小镇每年接待来自全国各地的游客数量达数十万人次。通过蜂情小镇的推广和宣传，邱凯的蜂产品知名度大幅提升，销售额也持续增长。

5.8.3 深加工提高附加值

邱凯深知单纯销售蜂蜜等初级蜂产品难以满足现代消费者的需求，因此，他致力于通过深加工来提高产品的附加值。他引进先进的生产设备和工艺，对蜂蜜进行再加工，开发出了一系列具有更高附加值的产品。他开发的蜂胶牙膏、蜂蜜手工肥皂、蜂毒贴等产品深受消费者喜爱。这些产品不仅具有传统蜂产品的营养价值和保健功能，还融入了现代科技和时尚元素，满足了消费者对于高品质生活的追求。邱凯成功地将传统养蜂产业与现代科技结合起来，实现了产业的转型升级和可持续发展。

5.9 广西壮族自治区天等县蜂产品营销的先进经验

5.9.1 利用众筹平台和媒体宣传解决滞销问题

众筹是通过互联网平台向大众筹集资金和资源的方式。众筹模式主要以网络平台为依托，这使资金筹集者和支持者能够高效沟通，减少了交易成本。众筹模式不仅可以筹集资金，还实现了信息、意见、人脉等资源的共享，能吸引公众关注，提升品牌知名度和影响力。

天等县自然条件得天独厚，适合养蜂业的发展。然而，由于地理位置和交通的限制，当地蜂蜜常常面临销售难题。为了打破这一困境，天等县决定尝试众筹这一新型营销模式。在筹备阶段，项目团队进行了深入的市场调研，了解了消费者的需求和偏好，同时明确了众筹的目标和策略，包括筹集资金的具体数额、产品销售的数量以及品牌知名度的提升方法等。为了实现这些目标，项目团队制定了详细的策略。他们选择了与京东众筹等知名平台合作，利用这些平台的用户基础和影响力推广项目。同时，通过精心策划的宣传活动，如制作精美的宣传视频和图片、撰写吸引人的项目故事等，吸引更多的潜在支持者。

京东众筹还与凤凰卫视的公益项目《大家来帮忙》携手，将目光聚焦到天等县的蜂农身上，通过节目为广大用户甄选来自天等县的优良蜂产品。节目播出后，众筹资金的目标数额得以突破，天等县的蜂蜜销售量大幅提升。

在众筹活动期间，项目不仅解决了蜂产品的滞销问题，还提升了天等县蜂蜜的品牌知名度，为当地蜂农带来了可持续收益。此外，该项目还为消费者带来了高品质的蜂蜜产品，满足了他们对健康、天然食品的需求。

5.9.2 坚守"三真"原则和强化用户体验

天等县蜂农坚守"三真"原则，即用真心、说真话、卖真蜜，这种诚信经营的理念，赢得了消费者的信任和支持，为产品的长期销售奠定了坚实基础。在众筹活动中，项目团队更是对蜂蜜的品质进行了严格的把控，确保产品都符合高品质标准。这不仅提升了消费者的信任度，也为项目的成功打下了坚实的基础。

除了严控产品品质，项目团队还非常注重用户体验，他们通过组织各种互动活动，如养蜂体验，蜂蜜品鉴等，让消费者更加深入地了解天等县的蜂蜜和养蜂文化。这些活动不仅增强了消费者的参与感和归属感，也进一步提升了用户对产品的满意度和忠诚度。

5.9.3 拓展多元化销售渠道

除了传统的销售方式，天等县蜂农还积极开拓网上销售渠道，如建立网店、参与互联网众筹等，这些多元化的销售方式为消费者提供了更多购买途径，进一步推动了蜂产品销售。

5.9.4 政府与社会各界的支持

当地政府及有关部门对养蜂产业给予了大力支持，例如，提供财政补贴、税收减免等优惠措施；设立专项资金，支持蜂产品企业进行技术创新、品牌推广和市场拓展；成立养蜂协会，提供技术指导；搭建蜂产品展示展销平台，举办蜂产品博览会、农产品交易会等，为企业提供展示产品的机会，吸引更多潜在客户和合作伙伴；等等。同时，社会各界也通过众筹等方式积极参与蜂产品营销，各方力量共同推动了天等县蜂产业的发展。

6 新零售时代京郊蜂产品营销模式的创新研究

6.1 京郊蜂产品营销模式的现状

目前，京郊蜂产品的营销模式主要有以下几种。

6.1.1 蜂产品自产自销模式

目前，京郊蜂农销售蜂产品的主要渠道是零售，多数蜂农采用的是自产自销模式。蜂农在村口、自家门口、周围邻村明显的地方制作一些招牌、广告等用以宣传，吸引周边村民或者游客前来购买蜂产品。该种模式销售的蜂产品多为未经加工的初级产品（比如原料蜜），包装简陋，没有形成品牌，知名度不高，更没有经过农产品质量安全体系认证，产品标准化程度低。消费者对这样的初级特色农产品信任度较低，购买频次也较少。

6.1.2 蜂产品专卖店模式

这种模式下，蜂产品从业人员通过直营或加盟代理等形式，在专卖店内摆设自有品牌蜂产品，依靠专业人员宣传、推广品牌形象。蜂产品专卖店是蜂产品贴近消费者的第一展示窗口和宣传阵地。受电商冲击、自身营销水平较低等因素影响，蜂产品专卖店面临客流量少、消费者年龄比较大等问题。

6.1.3 蜂产品商超模式

蜂产品商超模式是蜂产品从业人员借助商场、超市规模化、人流量大等特点来完成蜂产品尤其是蜂蜜这种快速消费品销售的模式。此种模式如果没有专人讲解，产品很难达成销售。

6.1.4　蜂产品会议营销模式

这种模式下，蜂产品从业人员通过产品说明会的方式销售蜂产品。这种模式面对的消费者以中老年消费者居多，采用这种营销模式，可以全面了解消费者的需求和心理，有利于增强销售的针对性，建立起企业和消费者的情感纽带，并通过营造浓厚的营销气氛，刺激消费者冲动购买。一般来说，当销售的是蜂产品的高端产品如蜂胶、蜂王浆、蜂花粉等时，常采用此种营销模式。

6.1.5　蜂产品科普旅游模式

蜂产品科普旅游模式主要面向的是儿童、青少年等客户群体，蜂产品从业人员通过在蜜蜂科普博物馆、养蜂场、养蜂合作社等特定场所向青少年等客户群体传播蜂蜜科学知识和健康理念，将蜂产品作为科普、旅游产品的一部分来销售。

6.1.6　蜂产品互联网销售模式

为了顺应互联网技术和数字经济的发展，蜂产品从业人员积极利用淘宝、京东、拼多多等线上电子商务平台开展蜂产品销售，同时还利用知乎、小红书、抖音、快手等新媒体平台进行蜂产品的宣传推广，蜂产品互联网销售模式由此产生，这种模式是未来的发展趋势。

6.2　现阶段京郊蜂产品营销模式存在的主要问题

尽管目前蜂产品的营销模式丰富多样，但整个京郊乃至国内整体蜂产品的销售情况却不容乐观。蜂蜜销售主要依赖的专卖店、商超、科普旅游、线上电商四大渠道都受到了影响和冲击，蜂蜜销售量大幅下降，导致蜂蜜原料收购价格大幅下跌，蜂农收入减少，养蜂业面临巨大困难。此外，出口市场也不容乐观，据海关统计，与上一年同期相比，2022年我国蜂花粉和蜂王浆类产品出口量均出现一定幅度的下跌。

为什么会出现这种情况？究其原因，主要存在以下三个问题。

6.2.1 未能满足消费者日益升级的需求

据调查显示，青年群体已成为我国互联网消费的主力军，青年网购容易受社交、短视频、直播等的影响，他们喜欢尝鲜，乐于跟好友分享商品，并通过拼团等方式以更低价格达成交易。

高品质、社交化、重体验、可以赋能文化内涵的产品成为消费的主流。

然而，从目前京郊以及整个国内的蜂产品市场来看，蜂产品品质参差不齐，缺乏富有个性化的品牌，可以溯源的"小而美"的蜂产品品类不够丰富，同质化较严重，品牌建设不足，缺乏具有较高知名度和品牌影响力的优秀品牌。随着高端消费日益崛起，供需矛盾日益凸显，这些问题亟待解决。

6.2.2 未能有效参与市场竞争、抢占高端市场，落后于国外发展

现阶段，京郊乃至国内蜂产品行业规模化经营水平不断提升，形成了多种形式的线上线下销售渠道，但是总体来说，蜂产品行业更加重视对养殖技术的研究，对蜂产品营销模式创新的重视程度不够。蜂产品低质低价，消费者对国产蜂产品的信任危机，使蜂产品行业常年陷入低端蜂蜜的价格战中，不能有效参与市场竞争，影响了蜂产品行业的健康、可持续发展。

相比之下，国外蜂蜜品牌凭借先进的营销理念、精准的人群定位、独特的产品卖点等优势，抢占了国内蜂产品高端市场。

6.2.3 未能满足信息技术驱动发展的需要

随着互联网尤其是移动互联网的不断普及和完善，移动终端、云计算、大数据、元宇宙等信息技术被广泛运用到各行各业。

但是，目前蜂产品的营销模式受信息技术驱动同步升级的速度较慢。蜂产品营销尽管也在尝试利用线上电商模式、短视频直播模式等信息技术，但更多的是停留在传统的以产品为核心的卖货思维层面，营销效率较低、体验较差、成本较高。如何利用信息技术进行数据挖掘、人群精准定位、产品多样化研发，实现线上服务、线下体验与现代物流的深度融合是亟待解决的问题。

6.3 新零售时代京郊蜂产品营销模式的创新

零售业是提振消费、拉动经济增长的主要力量，常常处于变革和创新当中。以互联网技术为依托，在大数据和人工智能等先进技术的驱动下，零售业迎来了继百货商店、连锁商店和超级市场之后的第四次革命，人类进入新零售时代。

养蜂业具有生态环境、社会经济与社会文化三个方面的效益，因此，蜂产品相对于其他农产品更容易建立特色品牌和相关产业链，形成具有竞争力的营销模式。

基于新零售"线上服务+线下体验+现代物流"深度融合的特点，并根据京郊蜂产品从业人员所处的地理位置、营运资金、人才储备等资源情况，京郊蜂产品营销模式可以进行如下几种创新。

6.3.1 蜂产品新零售体验模式

蜂产品从业人员如果营运资金充足，可以考虑在城镇商场、商业中心区或者社区尽可能多地布局蜂产品新零售体验店。这种模式以年轻、时尚、健康、传播蜂文化为目标，以全景式消费体验为中心，通过大数据来挖掘消费者的多元化需求，研发一系列适合年轻人群在工作、生活、学习、健身等多种场景中便捷享用的蜂产品。

这种模式通过线上宣传进行引流，引导消费者到线下新零售体验店身临其境地体验不同日常使用场景，感受蜂产品的功效和魅力，逐步培育消费者的消费习惯。这种模式需要持续加强与消费者的线上社交互动，鼓励消费者进行社交分享，拉新会员，并对消费者贴标签，对其进行智能化管理，打造私域消费者流量池，进行精准营销，以提高复购率。

6.3.2 蜂产品一二三产业融合体验模式

蜂产品从业人员如果在远郊农村有自己的养蜂场或养蜂合作社，营运资金充足，可以考虑布局蜂产品一二三产业融合体验中心，并将之打造成网红打卡点。这种模式以生态、科普、养生、旅游为目标，以蜂文化沉浸式体验为中心，通过养蜂基地实景观察、蜂文化博物馆参观学习、蜂产品美食中心产品品尝、蜂疗体验住宿等，让消费者与蜂产品亲密接触，身临其境地感受蜜蜂这个小精灵给世界带来的生态环境效益、社会经济效益、健康文化效益等，让消费者真正了解蜜蜂对于人类、生态、地球的重要性，从而在内心里愿意成为蜂产品的忠实粉丝。

要多点触达、深度影响那些自带流量的网红人物，让他们能够自觉、自愿、自发地通过知乎、小红书、抖音、快手等新媒体平台宣传推广蜂产品，不断地吸引潜在客户群体尤其是年轻客户群体前来打卡。

6.3.3　蜂产品认养体验模式

蜂产品从业人员如果在远郊农村有自己的养蜂场或养蜂合作社，有一定的营运资金，也可以布局蜂产品认养体验中心。这种模式以亲子、科普为目标，以蜂产品全程 DIY 制作体验为中心，认养蜂群、认领蜂箱，并通过智慧蜂箱等信息技术进行远程监控，实现线上云养蜂。消费者可以足不出户地远程观察蜜蜂的生活和行为，探索蜜蜂王国的奇妙世界。同时，还可以通过养蜂基地 DIY 体验，酿造属于自己的专属好蜜。

这种模式"从娃娃抓起"，让孩子们从小就对蜂产品有主观的了解。蜂产品从业人员可以借助微信、微博等新媒体平台，定期举办蜂产品科普文化交流活动，培养孩子们的蜜蜂情怀、蜜蜂精神，帮助他们树立正确的消费观念，重塑我国的蜂产品产业自信。

6.3.4　蜂产品社交电商体验模式

蜂产品从业人员如果具备一定的资金实力和新媒体运营人才储备，就应该基于养蜂场或养蜂合作社，积极选择社交电商体验模式。这种模式以高效、优质、便捷为目标，以社区或社群互动分享体验为中心，消费者可以通过家附近的社区微信群或者虚拟的蜂产品社群进行团购。在社群管理者的带领下，消费者在购买前可以进行蜂产品比较，在购买过程中也可以与客服交流互动，购买蜂产品后还可以进行消费评价及购物分享。

这种模式由专业的社群管理团队维护，一般是把地理位置近的社区居民或者有共同兴趣爱好的人聚集起来。根据消费者的需求，精选蜂产品，传播蜂文化，降低蜂产品的流通成本，提高蜂产品的流通效率，为消费者提供具有价值感的购物体验。

6.3.5　蜂产品内容电商体验模式

这种模式以深度兴趣种草、高效成交为目标，以图文、短视频、直播体验为中心，消费者可以在碎片化时间阅读优质蜂产品宣传内容，深层次理解蜂产品，触发情绪共鸣，激发消费兴趣，最终产生购买行为。

这种模式借助知乎、小红书、抖音、快手等新媒体平台，发布形式多样的优质内容，传播蜂产品信息，甚至可以由网红代替消费者体验，减少消费者体验成本，为消费者提供好内容、好商品和好服务，带领蜂产品走出区域、走向全国、走向全世界。

新零售时代，蜂产品营销模式应突破传统的零售模式，积极拥抱互联网，培养互联网思维，力求颠覆传统蜂产品行业所固有的产品逻辑，将蜂蜜融入不同产品形态。以用户为中心，运用大数据进行分析，创新设计、开发或者定制适合在多种场景中便捷享用的蜂产品。通过充分整合线上和线下资源，利用更加快捷、智能化的物流，不断提升消费者用户体验。

7 新零售时代京郊蜂产品营销策略的创新研究——基于"人、货、场"视角

7.1 新零售时代京郊蜂产品营销的发展现状与机遇

7.1.1 新零售时代京郊蜂产品营销的发展现状

从国家层面看，我国有着悠久的养蜂历史，是蜂产品产量大国、出口大国，却不是蜂产品效益强国。我国蜂产品生产主要以个人及家庭为主，养蜂规模小而散，生产技术水平较低，加之行业标准存在缺陷、市场环境不规范等，长期以来，我国蜂产品市场都处于相对混乱的状态。在国内，蜂产品价格较低，消费者对国内品牌认可度不高，蜂产品创新力缺失，产业链开发不够。蜂产品是我国重要的创汇农产品，虽然近年来我国蜂产品出口量较大，但是，出口价值偏低，进出口差价较大，我国蜂产品国际市场竞争力较弱，在对外贸易中实际利润微薄。

蜂产品虽然是一种典型的、对人体健康有益的养殖型农产品，却不是保健品中的首选产品，也不是礼品中的必选产品，一直游离在消费者可买可不买的需求清单中，并未进入消费者主流消费需求清单。

从北京郊区层面看，上述蜂产品营销现状同样存在。对此，京郊蜂产品从业者积极寻求突破。

首先，也是最主要的，就是开拓线上销售渠道。除了传统的线下销售渠道，如超市、农贸市场、园艺驿站等，线上销售渠道逐渐成为主流。许多蜂农和企业开始利用电商平台、社交媒体等线上平台进行产品推广和销售。例如，通过搭建新媒体宣传营销平台、开展直播带货等方式，吸引消费者关注并购买京郊蜂产品。

其次，为了满足消费者对高品质蜂产品的需求，京郊蜂产品从业者纷纷加强了对产品品质的控制。他们通过引入先进的养蜂技术、优化生产工艺、

加强质量检测等手段，确保蜂产品品质达到国家标准和消费者的期望。

再次，京郊蜂产品从业者还注重产品的创新和研发。他们根据市场需求和消费者口味的变化，不断推出新产品，以满足消费者的不同需求。例如，推出了蜂蜜酒、蜂蜜醋、蜂蜜面膜等深加工产品，丰富了产品线，提高了附加值。

最后，在品牌建设方面，京郊蜂产品从业者普遍关注品牌建设。他们通过提高产品质量、加强品牌宣传和推广，提升了品牌知名度和美誉度。例如，北京奥金达蜂产品专业合作社、北京京纯养蜂专业合作社等，积极组织、参加各类农产品展览、展销会等活动，展示自己的产品和品牌形象，进一步拓宽了销售渠道。

7.1.2 新零售时代京郊蜂产品营销的机遇

1. 新技术机遇

相对传统的第一产业——农业领域，新零售这种互联网新技术、新模式，利用物联网与智能化、区块链、大数据分析与精准营销、线上线下融合销售等技术，通过优化供应链、按需定产、品牌孵化升级、消费场景延伸等方法，持续增强农村地区的造血功能，推动一些农产品产业链优化升级，有利于加快农产品上行、引领农业高质量发展。

2. 新需求机遇

近年来，我国人民生活不断改善，可支配收入逐年增加，中等收入群体持续扩大，社会主要矛盾转化为人民日益增长的美好生活需要和不平衡不充分的发展之间的矛盾。当前消费者更习惯于利用计算机和移动终端进行互联网购物，消费中更注重产品的健康、天然品质，更倾向于购买中高端品牌，对价格敏感度偏低，娱乐型消费占比较高，更追求个性化、多元化、品质化、娱乐化、体验化、可溯源、可定制的产品。

3. 新政策机遇

在党的十九大报告提出实施乡村振兴战略的大背景下，2018年2月，农业部提出《关于大力实施乡村振兴战略 加快推进农业转型升级的意见》，2018年5月，中国农业科学院蜜蜂研究所牵头成立了国家优质蜂产品科技创新联盟，同时启动了蜂业提质工程项目。2020年9月，中国蜂产品协会发出科学认知、理性消费蜂产品的倡议。2021年7月，中国蜂产品协会提出了"蜜蜂友好"倡议和"国民好浆 全民分享——蜂业'三进两认'公益行动"倡议，倡导"蜜蜂友好"理念。2021年9月，"蜜蜂饲养"列入《全国乡村重点产业指导目录（2021年版）》。2022年4月，国家市场监督管理总局公布了新修订的《蜂产品生产许可审查细则（2022版）》。2023年2月，国务院办公厅印发了《中医药振兴发展重大工程实施方案》。2023年3月，工业和信息化部等11部门提出了《关于培育传统优势食品产区和地方特色食品产业的指导意见》，蜂产业被纳入特色农产品原料基地和重点地方特色食品产业集群打造名单。

7.2　新零售时代京郊蜂产品营销存在的主要问题

7.2.1　消费需求定位不够精准，与消费者合作、互动不够紧密，消费需求低

有学者指出，当前消费者对蜂产品的认知水平较低，对蜂产品质量安全的总体评价不高，消费者的家庭蜂产品消费量较少且消费者的消费习惯与优质蜂产品的供给不匹配。蜂产品在我国有着悠久的消费历史，深受人们喜爱，但目前蜂产品并非我国消费者的主流消费需求。以蜂蜜为例，我国蜂蜜人均消费量与发达国家有较大差距。我国蜂产品消费需求低，很大一部分原因是有关企业目标人群定位不精准，与消费者合作、互动不够紧密，消费者对于蜂产品的信息了解有限，对蜂产品并未形成较为深刻的印象。

1. 消费需求定位不够精准

（1）市场细分不足

京郊蜂产品营销中，往往没有对市场进行足够细致的划分。例如，不同年龄、性别、收入水平的消费者对蜂产品的需求和偏好可能有所不同，但营销策略往往未能充分考虑到这些差异，导致产品定位不够精准。

（2）推广缺乏针对性

由于缺乏精准的市场细分，京郊蜂产品的推广活动往往缺乏针对性。比如，对于注重健康的老年人群体和追求美容养颜的年轻女性群体，应该采用不同的推广策略和产品组合，但实际上这种针对性推广并不常见。

2. 与消费者互动不够紧密

（1）在社交媒体上互动不足

尽管社交媒体是与消费者互动的重要渠道，但京郊蜂产品在社交媒体上存在感较弱。例如，很少有蜂产品品牌在微博、微信等平台上积极发布内容，回应消费者评论或开展互动活动等。

（2）缺乏线下体验活动

线下体验活动是与消费者建立紧密联系的有效途径，但京郊蜂产品营销中这类活动相对较少。如蜂产品品鉴会、养蜂体验活动等，这些都能增强消费者对产品的了解和信任，但实际上这类活动并不多见。

3. 消费需求低

（1）产品创新不足

京郊蜂产品市场上，产品同质化现象较为严重，缺乏创新的产品难以激发消费者的购买欲望。例如，开发具有特定功效或口味的蜂产品，或者将蜂产品与其他健康食品相结合，创造出新的产品形态，这都是提升消费需求的有效途径，但目前这方面的尝试还比较少。

（2）营销手段单一

目前京郊蜂产品营销手段相对单一，主要依赖传统的销售渠道和广告宣传。然而，在新零售时代，消费者获取信息和购买产品的渠道日益多样化，单一的营销手段难以有效触达并激发消费者的购买需求。

7.2.2 蜂产品品质参差不齐，品类不够丰富，品牌建设不足

从 2019 年开始，我国农产品电商就开始从价格导向转向品牌、品质、服务、体验导向的新阶段了，蜂产品也应紧跟形势，与时俱进。但长期以来，假冒伪劣的蜂产品鱼目混珠、充斥市场，令消费者难以辨别。同时，产品同质化竞争较为严重，科研投入不足，缺少多样化、个性化、附加值高的品类，品牌建设不足，缺乏科技含量高的品牌。目前，在消费者心中有分量的国产蜂蜜品牌还太少，蜂产品的国产品牌企业常年陷在低端价格战中，国内高端市场已经被进口品牌牢牢占据，国产蜂蜜无论是在国内还是在国际上都缺少品牌优势。

1. 品质参差不齐

（1）原材料品质差异

由于京郊蜂产品从业者的养殖技术和管理水平不同，蜂产品的原材料品

质存在明显差异。一些京郊蜂产品从业者可能为了追求产量而牺牲质量，导致蜂产品中杂质较多，甚至可能含有农药残留等有害物质。

（2）加工工艺不一

不同的蜂产品加工企业在加工工艺、设备和技术方面存在差异，导致加工出来的蜂产品品质参差不齐。一些企业可能采用传统的加工方法，无法完全保留蜂产品的营养成分和活性物质，影响产品质量。

（3）市场监管不到位

目前，针对蜂产品的市场监管体系尚不完善，存在监管漏洞和盲区。一些不法商家可能利用这些漏洞，以次充好、掺杂使假，导致市场上流通的蜂产品品质参差不齐。

2. 品类不够丰富

（1）传统产品占主导

目前，京郊蜂产品市场上仍以传统产品为主，如蜂蜜、蜂胶、蜂王浆等。虽然这些产品具有一定的市场需求，但随着消费者需求的多样化和个性化，传统产品已难以满足消费者的所有需求。

（2）新产品研发滞后

研发投入不足、技术水平落后等原因，导致京郊蜂产品在新产品研发方面滞后。一些具有潜在市场需求的新产品，如蜂花粉、蜂毒等，尚未得到充分开发和应用。即使有新产品出现，也往往只是对传统产品的简单改良或升级，缺乏实质性的创新。这使消费者在选择蜂产品时感到单调乏味，难以激发购买欲望。

（3）产品同质化严重

在现有产品中，许多企业往往只关注产品的外观和口感，忽视产品的独特性和差异性。这导致市场上的蜂产品同质化问题严重，消费者在选择时难以区分不同产品的优劣。

3. 品牌建设不足

（1）品牌知名度低

京郊蜂产品品牌在市场上的知名度普遍较低。一些品牌在推广方面缺乏有效手段和方法，导致消费者对其认知不足。同时，一些品牌在市场竞争中缺乏独特性和竞争力，难以脱颖而出。

（2）品牌形象模糊

一些企业在品牌建设方面缺乏明确的定位和策略。其品牌形象往往模糊不清，无法给消费者留下深刻的印象。这导致消费者在选择蜂产品时难以形成对品牌的忠诚度。

（3）品牌文化缺失

品牌文化是企业文化的延伸和体现。然而，在京郊蜂产品企业中，品牌文化往往缺失或较为薄弱。这导致企业无法与消费者建立紧密的情感联系，影响品牌的吸引力和影响力。

7.2.3　消费场景缺乏活力与创新，消费者参与度不够，营销体验价值尚未充分体现

目前，蜂产品的消费场景主要是养蜂人零散售卖，蜂农合作社、蜂产品企业收购加工后通过商超、专卖店、会议、电商、自媒体平台等方式销售。随着新消费需求的升级，以商超、专卖门店为代表的线下零售和以电子商务为代表的线上零售均遇到了发展瓶颈。消费者面临的痛点不再是商品短缺，而是选择过剩；不再是价格过高，而是品质不齐；不再是性能欠佳，而是缺乏个性。这种消费趋势的新变化，使任何单一的消费渠道，无论是电商还是实体店，都无法满足用户随时随地个性化、场景化的购物需求，也无法满足品牌商产品展示、差异化定位和精准营销的需求。蜂产品的消费场景缺少活力与创新。目前，消费者对于蜂产品的营销体验效果并不理想，蜂产品从业者向消费者"传递"产品、服务的环境比较单一，减少了消费者可触及的机会，无法有效地与消费者进行互动交流。

1. 蜂产品消费场景缺乏活力与创新

（1）传统与现代结合的销售模式

京郊蜂产品不仅采用传统的销售模式，如农贸市场或店面销售，同时积极采用新媒体和线上线下多元化销售模式。然而，即使是多元化的销售模式，仍然有部分场景缺乏新意，难以吸引年轻消费者的充分注意。

（2）线上销售平台的局限性

蜂产品已进入电商平台，但除了简单的产品展示和交易，仍需更充分地利用新媒体技术来打造吸引力和互动性更强的消费场景。

（3）缺乏体验式消费场景

当前较少有试吃、品鉴等体验式消费场景，无法让消费者在购买前直观地感受产品的品质。

2. 消费者参与度不够

（1）被动消费

消费者在购买蜂产品时，往往只是简单地选择产品并完成交易，缺乏与品牌或产品的深度互动。

（2）社交媒体互动不足

社交媒体是提升消费者参与度的重要工具，京郊蜂产品企业还可以进一步增加在社交媒体上的营销活动，以更有效地利用这些平台来增加与消费者的互动。

（3）缺乏个性化定制服务

蜂产品市场虽然有所改进，但仍需提供更多个性化的定制服务，如提供定制化的蜂产品礼盒或者根据消费者需求调配蜂产品配方，以提升消费者的参与度和满意度。

3. 营销体验价值尚未充分体现

（1）品牌故事传递不足

京郊蜂产品仍需加强对品牌背后故事的有效传递，使消费者在购买时能更深刻地感受到产品的独特价值。

（2）售后服务缺失

蜂产品销售后应提供更为完善的客户服务，如使用指导、健康咨询等，以提升消费者的整体购买体验。

（3）营销活动多元但缺乏深度

京郊蜂产品的营销活动不仅包含打折、促销等传统手段，还涵盖线下推广、社交媒体运营、产品创新、平台合作、微商销售以及定制化服务等多元化手段。尽管手段多样，但在深入挖掘消费者需求和为消费者提供独特体验方面仍有待加强。

7.3 基于"人、货、场"视角，新零售时代京郊蜂产品的营销策略

7.3.1 以人为本，重塑产业自信，宣传蜜蜂文化，培育消费者主流消费习惯，从单纯的被动消费者转变为"消费者+合作生产者+推广者"

随着我国人民群众生活水平和保健意识的不断提升，消费者对蜂产品的

认知不断加强，蜂产品在我国有着巨大的消费空间。中国蜂产品协会从顶层设计的科普活动，让蜂产品从深山走近城市里的儿童群体、白领群体和老年人群体，与消费者形成亲密接触，为蜂产品触达消费者提供了绝佳的机遇。京郊蜂产品企业应该借此机会，以消费者为核心，重塑产业自信，不断培育消费者的主流消费习惯。

1. 基于科普宣传，"从娃娃抓起"，重塑产业自信，宣传蜜蜂文化

蜂产品的新零售营销策略应着重策划适合儿童的科普宣传活动。一方面，定期组织儿童去蜜蜂科普博物馆、养蜂基地参观，打造文化IP，从小培养儿童的蜜蜂情怀、蜜蜂精神；另一方面，大力推广线上云养蜂活动，认养蜂群、认领蜂箱，并通过智慧蜂箱等高科技实现远程监控，增强儿童对蜜蜂王国、蜂产品的认知。通过科普宣传，让儿童进一步认识到蜂蜜是大自然的馈赠，让他们从小就对蜂产品有主观的了解，树立正确的消费观念，重塑我国的蜂产品产业自信。

2. 基于大数据，重点培育"Z世代"（即受网络时代影响较大的新时代人群）年轻消费群体，使其逐步发展为未来的中高端消费人群

根据研究显示，青年群体已成为我国互联网消费的主力军，青年群体网购容易受短视频、直播等影响，他们喜欢尝鲜，乐于跟好友分享商品，并通过拼团等以更低的价格达成交易。

根据"Z世代"年轻消费群体的消费习惯，蜂产品的新零售营销应基于互联网大数据技术，着重洞察"Z世代"年轻消费群体的消费偏好、购买习惯、社交行为等特征，尽可能地通过多层次、多维度的数据，获得更精准的客户特征描述信息，清晰、完整地刻画目标人群画像，识别出最有可能对蜂产品感兴趣的人群。然后，在不同的消费场景，智能化地为用户精准匹配产品信息，这样就可以将有限的预算用在对蜂产品感兴趣的客户身上，让营销变得更有效。

与此同时，"Z世代"年轻消费群体乐于分享，蜂产品营销应高度重视这部分群体的价值。借助图文、视频、直播等新媒体信息技术手段，搭建私域团队，积极与每一位"Z世代"用户交流互动，及时掌握"Z世代"用户购买蜂产品时所考量的功能因素、情感因素、消费习惯等，尽可能地获取"Z世代"用户的个性化需求，激发其隐性需求。争取"Z世代"年轻消费群体参与到蜂产品的功能开发、包装设计、营销策划中来，最大程度地体现"Z

世代"的价值，使"Z世代"从单纯的蜂产品消费者转变为蜂产品合作生产者，主动分享蜂产品和品牌价值，持续传播，不断发掘其他潜在的"Z世代"消费人群，使之逐步发展为未来的中高端消费人群。

3. 基于人文关爱，持续关注"银发经济"，提高复购率、传播力和影响力

一直以来，老年人对蜂产品的需求量占整个蜂产品市场消费量的比例很大。

当前的"银发族"有这样一个特点：他们普遍受教育水平较高、消费理念更加"年轻"。新零售背景下，他们正逐步引领老年消费市场的新时尚。"有钱、有闲、有追求"的他们，乐享品质生活，注重对自己的投资，其中，健康需求是他们的刚需。

因此，京郊蜂产品企业在营销中应该持续关注这些老年人，打造会员体系，实现精细化运营。通过影像资料、实地参观等形式，加强对蜂产品知识的科普宣传和正确引导，掌握这个目标群体对蜂产品的真实需求，挖掘其潜在需求，提升现有蜂产品的品质、功效、包装形象、文化底蕴等，实现口碑相传，提高复购率，进而影响其他消费者对蜂产品的消费需求，使消费形成良性循环。

7.3.2 以货为根，从源头上保证品质，借助第三方研发新品类，打造新锐品牌，焕发老品牌价值

新消费阶层、新渠道场景、新科学技术的出现，使供需不匹配的情况加速变化，主要食品和快消品品类呈现品质快速升级的趋势，新国潮和新国货崛起，本土快消品品牌快速发展。因此，京郊蜂产品的新零售营销应该重点从以下几方面开展。

1. 基于品质，借助第三方平台，寻求产业链突破点，研发科技含量高的精品蜂产品，提高供需匹配率，引领蜂产品行业在国内和国际的发展

品质的把控和提升，是蜂产品从业者生存及长远发展的关键。生产优质蜂产品是解决京郊乃至全国蜂产品行业困境的唯一出路。《蜂产品生产许可审查细则（2022 版）》等文件的颁布，为蜂产品生产提供了法律依据。这从最大程度上保障了消费者的食品安全，有力地促进了蜂产品产业高质量发展。

在强有力的蜂产品品质政策保障和新品消费需求背景下，京郊蜂产品的新

零售营销应该借助大数据，精准掌握消费者心智、消费习惯，不断适应消费者行为转变，并将消费者需求反馈至生产端，制定相应生产标准，研发科技含量高的精品，提高蜂产品附加值，以此实现供给侧的不断转型和升级。

将专业的事情交给专业的人，可以借助以拼多多为代表的新电商平台的优势，针对蜂产品小规模养殖的特点，通过"拼"的模式，将高度分散的需求和小规模蜂基地供给在云端精准匹配，打造一条"深山蜂基地直连家庭蜂产品"的产销对接高速通道，既让消费者、养蜂者都收获实惠，又提升产业链的抗风险能力。利用新思路、新逻辑，打破蜂产业规模化的制约，推动蜂产业生产要素重构，助力蜂产品价值供应链重塑。

同时，可以考虑与"百亿农研"专项合作，抓住《"十四五"国民健康规划》提出的"三减三健"这个机遇，联合国内外顶尖院校的农业科研团队，研究蜂产品功能因子，开发复合型新产品品类，提高供需匹配率，引领蜂产品行业国内和国际发展。

2. 基于品牌，借助第三方平台，顺应新消费需求，打造新国潮、新国货等新锐品牌，焕发老品牌价值

蜂产品老字号品牌，在新零售营销中应该提高市场反应速度，主动尝试与代表未来消费趋势的新零售"排头兵"进行品牌深度跨界合作。利用平台大数据，分析消费者，低成本快速研发、孵化符合新消费阶层需求的独特蜂产品，形成行业内蜂产品差异化，打造新国潮、新国货等新锐品牌。

借助平台优势，优化供应链，降低高昂的渠道成本和流量获取成本，使蜂产品企业在平台经济的生态赋能下实现数字化转型，形成品牌新溢价。

7.3.3 以场为基，基于内容和体验，多点触达消费者，打造线上互动引流、线下体验服务相融合的消费场景

京郊蜂产品在新零售营销中应该树立互联网思维，基于内容和体验，打造快速"连接"消费者和蜂产品的新营销场景，重构新型的蜂产品传播与商业模式。

1. 重新定义新产品研发场景，践行"以人为本"，促使消费者向合作生产者、推广者转型

借鉴"小餐馆理论"，在蜂产品生产研发阶段，可以让大量消费者参与线上线下各种场景。创设不同的蜂产品内容话题，积极鼓励消费者互动，蜂产

品研发设计人员及时跟进，持续获取消费者的体验反馈，不断打造更适合消费者需求的蜂产品，让蜂产品带有更好的社交属性，主动形成口碑效应，同时增强消费者的黏性，提升其忠诚度，以最好的产品和服务实现最好的营销。

2. 精心设计沉浸式体验场景，增强营销服务的可触及性，提高蜂产品营销的体验价值

通过电商平台、微信、微博、短视频平台等，甚至是京郊蜂产品从业者精心设计的沉浸式体验场景，如"蜜蜂王国文化场景""功能美食品鉴场景""远程认养定制专属蜂产品场景""宠物养蜂场景"等，来增强营销服务的可触及性。

一方面，通过线上优质的广告宣传实现内容引流，触达消费者，无限贴近消费者需求，让消费者更容易接受，不仅决策购买，还主动推广；另一方面，吸引消费者亲自到线下体验，身临其境地感受蜜蜂王国的神奇、蜜蜂文化的博大精深、蜂产品的美味和健康。

通过多元化的营销场景，在最适合的时间、地点，以最适合的形式呈现蜂产品，触发消费者的购买欲望，进而达到营销目的。消费者无论是在线上获取蜂产品的资讯，还是线下进行蜂产品的体验，都能即刻收获愉悦的购物享受。因此，以"线上互动引流+线下体验服务"为核心的新消费场景，必将成为蜂产品营销的新趋势。

8 结论与展望

8.1 本研究的主要结论

新零售时代的到来，给京郊蜂产品行业乃至全国蜂产品行业都带来了前所未有的变革与机遇。面对新兴消费需求和技术发展，传统的营销模式和策略显得捉襟见肘，营销模式和策略的创新，成了蜂产品行业持续发展的关键。

8.1.1 线上线下融合成为新零售时代蜂产品营销的核心策略

过去，京郊蜂产品多依赖传统的实体店销售或进行简单的线上销售，这两者往往相互独立，缺乏协同效应。如今，通过线上线下融合，企业不仅可以拓宽销售渠道，更能为消费者提供全天候、全方位的购物体验。例如，消费者可以在线上浏览并选择产品，然后到线下实体店体验、取货或享受售后服务，这种 O2O 模式有效增强了销售的灵活性和消费者的购物便利性。

8.1.2 利用大数据与人工智能技术精准定位消费者需求，实现个性化营销，是新零售时代的趋势

京郊蜂产品从业人员可以通过收集消费者的购买记录、浏览习惯等数据，分析其偏好和需求，从而为其推荐合适的产品或服务。这种精准营销，不仅提高了销售转化率，还提升了消费者的购物满意度和忠诚度。

8.1.3 注重消费者体验是新零售时代蜂产品营销的关键

如今消费者对产品和服务的要求越来越高，单纯的商品销售已经不能满足其需求。因此，京郊蜂产品从业人员需要提供更多附加价值，如优质的售后服务、丰富的产品体验、独特的包装设计等，以提升消费者的整体购物体验。这种以消费者为中心的营销策略，有助于企业在激烈的市场竞争中脱颖而出。

8.1.4 与电商平台、社交媒体等新兴渠道合作，是新零售时代蜂产品营销的重要方向

通过与这些渠道深度合作，京郊蜂产品从业人员可以迅速提高品牌知名度，吸引更多潜在消费者。同时，利用社交媒体的用户黏性，企业还可以开展各种互动营销活动，进一步增强与消费者的联系和互动。

8.1.5 在新零售时代背景下，京郊蜂产品营销模式的创新是一个持续不断的过程

京郊蜂产品从业人员应该抓住新零售这一历史性机遇，根据实际情况，选择蜂产品新零售体验模式、蜂产品一二三产业融合体验模式、蜂产品认养体验模式、蜂产品社交电商体验模式、蜂产品内容电商体验模式等，实现可持续发展。

8.1.6 从人、货、场三个维度出发，研究新零售时代背景下的营销策略创新，具有重要的现实意义

新零售时代，消费者、蜂产品和场景三者之间的关系发生了深刻的变化。消费者更加追求个性化、定制化的购物体验，蜂产品的生产、销售和配送过程也更加智能化、数据化，场景则成了连接消费者和蜂产品的桥梁，蜂产品企业可以通过创造独特的购物环境来提升消费者的购物体验。因此，从人、货、场三个维度出发，研究新零售时代背景下的营销策略创新，具有重要的现实意义。京郊蜂产品从业人员应重新审视产业链和生态圈，基于"人、货、场"视角，重点将消费者培养为"消费者+合作生产者+推广者"类型的忠实粉丝。在保证品质的基础上，基于大数据和跨界合作，研发新品类，打造新品牌，焕发老品牌，并构建新产品研发场景和沉浸式体验场景，增强营销服务的可触及性，提高蜂产品营销体验价值，通过营销创新来促进蜂产品行业优化升级，引领蜂产业高质量发展。

站在新零售时代的风口上，京郊蜂产品从业人员应该以"为振兴蜂产业而奋斗，满足人民日益美好生活的向往"为愿景目标，抓住新技术、新需求、新政策等发展机遇，积极迎合变革，求新求变。

8.2　政策建议

新零售时代，为推动京郊蜂产品产业创新与发展，提高产品的竞争力和市场占有率，笔者特提出以下政策建议。

8.2.1　加强市场调研与定位

1. 深入了解市场需求

政府应鼓励和支持京郊蜂产品从业者加强对目标市场和潜在消费者的研究，了解消费者的喜好、购买习惯、消费能力等信息，为制定精准的营销策略提供数据支撑。

2. 明确产品定位

根据市场需求和消费者喜好，京郊蜂产品从业者应明确产品定位，如高端品质、天然有机等，并在产品包装、广告宣传等方面展现出来，以增强自身产品的竞争力。

8.2.2　推动品牌建设与宣传

1. 加强品牌定位

政府应引导京郊蜂产品从业者根据自身特点和市场需求，确定品牌的核心价值和定位，并在产品、包装、广告等方面统一展现，以树立独特的品牌形象。

2. 提升品牌形象设计

政府应鼓励京郊蜂产品从业者在品牌标识设计、包装设计等方面投入更多资源，以提升品牌在市场中的辨识度。

3. 多元化宣传推广

政府应支持京郊蜂产品从业者运用社交媒体等多元化渠道对产品进行宣传推广，提高产品的曝光度和知名度。同时，可以通过线上线下活动、与知名品牌合作等方式来增强品牌的影响力。

8.2.3 优化供应链与物流配送

1. 提升供应链效率

政府应鼓励京郊蜂产品从业者优化供应链管理，引进先进技术和管理模式，以提高生产效率和产品质量。同时，可以建立蜂产品供应链平台，促进产业链上下游企业协作和资源整合。

2. 完善物流配送体系

政府应支持京郊蜂产品从业者建立完善的物流配送体系，提高配送效率和服务质量。可以通过引进智能化物流技术、加强物流配送基础设施建设等方式，为消费者提供更加便捷、高效的购物体验。

8.2.4 促进产业创新与发展

1. 支持产品创新

政府应鼓励京郊蜂产品从业者加大研发投入，推动产品创新和技术升级。可以通过设立专项资金、提供税收优惠等方式，支持企业开展新产品研发和技术创新。企业在注重产品创新的同时，也应关注产业创新的趋势，以更好地把握市场机遇，实现可持续发展。

2. 推动产业融合发展

政府应引导蜂产品产业与其他产业（如旅游、文化等）融合发展，打造蜂产品特色产业链。同时，可以推动线上线下融合发展，拓展销售渠道和市场份额。

3. 加强人才培养

政府应重视蜂产品产业人才的培养和引进工作，为产业发展提供有力的人才保障。可以通过加强职业教育、提供培训支持等方式，提高从业人员的专业素养和技能水平。

8.2.5 加强市场监管与提供政策支持

1. 加强市场监管

政府应加大对蜂产品市场的监管力度，打击假冒伪劣产品和不正当竞争行为，维护市场秩序和消费者权益。

2. 提供政策支持

政府可以通过提供税收优惠、财政补贴等政策支持措施，鼓励京郊蜂产品从业者加大投入、扩大生产规模、提高产品质量和市场竞争力。同时，可以建立蜂产品产业发展基金或专项资金，为产业发展提供资金支持。

8.3 下一步研究展望

8.3.1 利用人工智能技术提升营销效率

1. 智能数据分析与预测

利用人工智能技术，对京郊蜂产品的销售数据进行深度挖掘和分析，可以帮助企业更准确地预测市场趋势，制定具有针对性的营销策略，并优化库存管理。例如，根据历史销售数据，人工智能技术可以预测未来一段时间内某种蜂产品的需求量，从而指导生产计划和采购决策。

2. 智能推荐系统

结合消费者的购物历史和偏好，利用机器学习算法，构建智能推荐模型。当消费者在京郊蜂产品的线上平台浏览时，系统可以自动推荐他们可能感兴趣的产品，从而提高转化率和客户满意度。

3. 自动化营销工具

借助人工智能技术，开发自动化的营销工具，如自动化邮件营销、社交媒体自动发布等。这些工具可以根据预设的规则和算法，自动地向目标客户发送个性化的营销信息，有利于提高营销效率。

8.3.2 物联网技术在营销中的应用

1. 智能供应链管理

通过物联网技术，实现对京郊蜂产品从生产到销售的全程监控。这不仅可以确保产品的质量和安全，还可以帮助企业实时了解产品的流通情况，优化供应链管理。

2. 互动式营销

利用物联网技术，为消费者提供与京郊蜂产品互动的机会。例如，开发一款 App，让消费者可以通过扫描产品包装上的二维码来了解产品的详细信息，如生产过程和背后的故事，以增强消费者对产品的了解和信任。

8.3.3　虚拟现实和增强现实技术提供独特购物体验

1. 虚拟试吃/试用

通过虚拟现实技术，为消费者提供虚拟试吃或试用的机会。消费者可以在家中通过 VR 设备模拟试吃京郊蜂产品的场景，更直观地感受产品的口感和效果。

2. 增强现实包装展示

利用增强现实技术，为消费者带来全新的产品包装展示体验。当消费者扫描产品包装上的 VR 标识时，手机屏幕上会呈现出动态的产品介绍、使用方法或互动游戏等内容，增强产品的趣味性和互动性。

3. 虚拟店铺体验

通过虚拟现实技术，构建京郊蜂产品虚拟店铺。消费者可以在任何时间、任何地点通过 VR 设备进入虚拟店铺浏览或购物，享受沉浸式的购物体验。

8.3.4　探索蜂产品的定制化服务

1. 深入了解消费者需求

通过市场调研和数据分析，了解消费者对蜂产品的具体需求和偏好，如对口感、品质、包装等方面的要求，以便为消费者提供定制化服务。

2. 定制化产品开发

根据消费者的需求，开发具有针对性的蜂产品，如不同口味的蜂蜜、特定功能的蜂胶和蜂王浆等。同时，可以考虑与科研机构合作，研发更多创新型的蜂产品。

3. 定制差异化营销策略

针对不同消费者群体，定制差异化营销策略。例如，为年轻人提供时尚、便捷的蜂产品购买体验，为中老年人提供健康、养生的蜂产品解决方案。

4. 完善定制化服务体系

建立完善的定制化服务体系，包括售前咨询、售中服务和售后支持。通过提供专业的咨询服务等，提升消费者的购买满意度。

8.3.5　拓展蜂产品的国际市场

1. 分析国际市场需求

研究国际市场上蜂产品的需求和消费趋势，针对不同地区和国家的消费者特点，调整产品策略。

2. 提升产品品质与安全性

加强蜂产品品质控制和安全管理，确保产品符合国际标准和进口国要求。通过获得国际认证和建立质量追溯体系，提升消费者对京郊蜂产品的信任度。

3. 加强国际合作与交流

积极参加国际蜂产品展览、研讨会等活动，与国际同行进行交流与合作。通过展示京郊蜂产品的独特优势和品质，吸引更多国际客户的关注，促使其产生合作意向。

4. 创新国际营销策略

运用互联网和社交媒体等新型营销手段，提高京郊蜂产品在国际市场上的知名度和影响力。同时，可以考虑与国际电商平台合作，拓展在线销售渠道。

参考文献

[1] 郭国庆. 市场营销学通论 [M]. 8 版. 北京：中国人民大学出版社, 2020.

[2] 徐国钧, 李建琴, 刘浩天. 消费者网购蜂蜜意愿的影响因素研究：基于问卷调查的实证分析 [J]. 中国蜂业, 2018, 69 (4)：63-68.

[3] 童越敏, 张帆. 蜂产品网店发展的现状与对策 [J]. 现代商业, 2013 (5)：191.

[4] 所志国. 蜂行业如何开展网络精准营销 [J]. 中国蜂业, 2012, 63 (27)：24-26.

[5] 肖山云, 储伶丽. 移动"互联网+"秦岭原生态蜂产品直销模式研究 [J]. 经济研究导刊, 2017 (22)：60-63.

[6] 周晶晶. ×× 蜂产品网络营销策略研究 [D]. 宁波：宁波大学, 2015.

[7] 张毅. 新零售革命后电商时代的哲学 [M]. 北京：人民邮电出版社, 2018.

[8] 姚军. 北京地区蜂产品企业营销面临的困境及策略研究 [D]. 北京：中国农业科学院, 2012.

[9] 潘建林. 新零售理论文献综述：兼论四构面商业模式 [J]. 商业经济研究, 2019 (5)：9-11.

[10] 毛丽杰, 罗盈铄. 营销模式国内外文献综述 [J]. 现代营销（学苑版）, 2011 (10)：64.

[11] 颜志立. 国家优质蜂产品科技创新联盟成立大会暨蜂业提质工程专项启动会在京举行 [J]. 蜜蜂杂志, 2018, 38 (6)：17-18.

[12] 于敬元. 伊春市青山林场蜂产品营销策略浅析 [J]. 商业经济, 2018 (1)：63-64.

[13] 陈彦霏. "富蜂源"蜂王浆国内营销战略分析 [J]. 中国蜂业, 2019, 70 (11)：53-56.

［14］戎一多．汪氏蜂蜜品牌形象提升策略的研究［D］．南昌：江西财经大学，2020．

［15］舒适．F公司蜂类产品营销策略研究［D］．南昌：南昌大学，2020．

［16］胡利琛，周丽霞．"互联网+"背景下以蜂蜜为代表的农产品产销模式研究［J］．中国市场，2021（8）：51-52，85．

［17］张云．新零售背景下M公司营销策略研究［D］．济南：山东大学，2021．

［18］马义平．互联网背景下CHZZ蜂业公司体验营销策略研究［D］．青岛：青岛大学，2022．

［19］韦梦瑾．T公司蜂蜜农产品营销策略研究［D］．南宁：广西大学，2022．

［20］田俊燕，王峥，王哲．数字经济背景下农产品新零售营销模式创新研究［J］．商业经济研究，2022（15）：134-137．

［21］时小侬．"新零售"理念下我国农产品营销创新模式构建［J］．商业经济研究，2018（13）：66-68．

［22］胡屿．新零售模式下营销策略的选择与制定［J］．海峡科技与产业，2018（12）：24-26．

［23］方芳，汪飞燕，余丙炎．基于新零售的农产品营销模式创新［J］．吉林农业科技学院学报，2020，29（2）：46-49．

［24］朱晶晶．新零售背景下农产品营销模式创新策略研究［J］．现代营销（学苑版），2021（10）：72-73．

［25］谢娟，张文燮，胡佳豪．基于新零售模式的农产品营销策略研究［J］．现代商业，2019（26）：10-11．

［26］谢怡凡，王怡淞，朱伟清．"新零售"环境下农产品营销的发展趋势与对策：以福建百香果为例［J］．全国流通经济，2020（2）：3-4．

［27］许晴晴．"新零售"背景下河南农产品营销模式创新研究［J］．南方农机，2020，51（16）：57-59．

［28］余云珠．特色农产品在新零售环境下的营销体系革新［J］．嘉应学院学报，2019，37（4）：55-59．

［29］李瑞珍，刘世丽，刘朋飞，等．蜂蜜"柠檬市场"问题的经济学分析［J］．中国蜂业，2018，69（3）：66-69．

［30］姚刚．进一步推动蜂业营销模式升级的探讨从微蜂来袭到微蜂商城的升级［J］．蜜蜂杂志，2017，37（7）：8-9.

［31］徐丹丹，谢蓉蓉．恒丰园牌蜂蜜营销现状及对策研究［J］．现代商贸工业，2014，26（2）：95-96.

［32］薛晓燕．新零售背景下生鲜农产品电商的发展路径研究：基于"人、货、场"视角［J］．安徽农业科学，2020，48（5）：232-234.

［33］黄智筠．新零售背景下传统百货企业转型的营销策略［J］．现代企业文化，2022（23）：40-42.

［34］席桂萍，赵芝俊，高清，等．疫情防控下特色农产品电商销售模式与路径选择：以蜂产品为例［J］．中国蜂业，2021，72（8）：50-54.

［35］郭利军．2022年我国蜂产品市场分析与2023年市场展望：蜂蜜篇［J］．中国蜂业，2023（4）：13-14.

［36］吕泽田．2022年我国蜂产品市场分析与2023年市场展望：蜂胶篇［J］．中国蜂业，2023（4）：16-17.

［37］章振东．2022年我国蜂产品市场分析与2023年市场展望：蜂花粉篇［J］．中国蜂业，2023（4）：18.

［38］张艳．2022年我国蜂产品市场分析与2023年市场展望：蜂王浆篇［J］．中国蜂业，2023（4）：15-16.

［39］李雪钦．电商经济正改变青年消费习惯［J］．中国报业，2020（17）：124.

［40］王啉．突出工作重点，狠抓提质增效，加快我国蜂业向质量效益强国的转变［J］．蜜蜂杂志，2017，37（5）：30-32.

［41］张超．蜂产品行业营销"三问三答"［J］．中国蜂业，2014，65（3）：51.

［42］孙翠清，刘朋飞，崔奇峰．蜂产品认知与消费行为调查研究［J］．蜜蜂杂志，2021，41（2）：14-19.

［43］赵霞，韩一军，姜利娜，等．我国蜂蜜市场与产业调查分析报告［J］．农产品市场，2021（10）：53-55.

［44］佚名．老年蜂蜜市场的需求趋势［J］．中国食品工业，1994（11）：12.

［45］方锡红，刘进祖，梁崇波，等．新时代北京蜂业高质量发展："十

三五"回顾与"十四五"展望［J］. 中国蜂业，2021，72（6）：19-21.

[46]田俊燕，王峥，王哲. 数字经济背景下农产品新零售营销模式创新研究［J］. 商业经济研究，2022（15）：134-137.

[47]薛晓燕，段晓宇. 新零售时代蜂产品的营销策略研究：基于"人、货、场"视角［J］. 管理科学与工程，2023，12（4）：501-507.

[48]薛晓燕. 新零售时代蜂产品营销模式的创新研究［J］. 管理科学与工程，2023，12（6）：916-921.

附录 A

蜂产品生产许可审查细则（2022 版）

第一章　总则

第一条　为了做好蜂产品生产许可审查工作，依据《中华人民共和国食品安全法》《中华人民共和国食品安全法实施条例》《食品生产许可管理办法》及相关食品安全国家标准等规定，制定《蜂产品生产许可审查细则(2022 版)》(以下简称《细则》)。

第二条　本《细则》适用于蜂产品生产许可审查工作，应当结合《食品生产许可审查通则》使用。

第三条　蜂产品包括四类，分别为：蜂蜜，类别编号 2601；蜂王浆（含蜂王浆冻干品），类别编号 2602；蜂花粉，类别编号 2603；蜂产品制品，类别编号 2604。蜂产品生产许可类别目录及定义见表 A-1。

表 A-1　　　　　　　　　蜂产品生产许可类别目录及定义

食品类别	类别名称	品种明细	定义	说明
蜂产品	蜂蜜	蜂蜜	蜂蜜：以蜜蜂采集植物的花蜜、分泌物或蜜露，与自身分泌物混合后，充分酿造而成的天然甜物质为原料，经过滤、灌装等工艺加工而成的产品	—

食品类别	类别名称	品种明细	定义	说明
蜂产品	蜂王浆（含蜂王浆冻干品）	蜂王浆、蜂王浆冻干品	蜂王浆：别名蜂皇浆，以工蜂咽下腺和上颚腺分泌的，主要用于饲喂蜂王和蜂幼虫的浆状物质为原料，经过滤、灌装等工艺加工而成的产品。蜂王浆冻干品：以蜂王浆为原料经冷冻干燥、粉碎、包装等工艺加工而成的产品	—
	蜂花粉	蜂花粉	蜂花粉：以工蜂采集花粉，用唾液和花蜜混合后形成的物质为原料，经干燥、消毒灭菌、包装等工艺加工而成的产品	按照《食品安全国家标准 花粉》（GB 31636）要求，油菜花粉、向日葵花粉、紫云英花粉、荞麦花粉、芝麻花粉、高粱花粉、玉米花粉等纳入生产许可管理范围。其他品种依据国务院卫生行政部门后续相关公告执行。松花粉属风媒花粉，该类产品参照蜂花粉相关要求执行
	蜂产品制品	蜂产品制品	以蜂蜜、蜂王浆（含蜂王浆冻干品）、蜂花粉或其混合物为主要原料，且在成品中含量大于50%，添加或不添加其他食品原料经加工制成的产品	以蜂蜜为原料生产蜂产品制品不得添加淀粉糖、糖浆、食糖

第四条 蜂蜜、蜂王浆（含蜂王浆冻干品）和蜂花粉中不得添加任何其他物质。

蜂产品制品中蜂蜜、蜂王浆（含蜂王浆冻干品）、蜂花粉或其混合物在成品中含量要大于50%，且以蜂蜜为原料生产蜂产品制品不得添加淀粉糖、糖浆、食糖。

第五条　鼓励企业使用巢蜜为原料生产蜂蜜。巢蜜是指在封盖的蜜脾内储存的蜂蜜，由蜂巢和蜂蜜两部分组成，巢房封盖 90% 以上（包括：大块巢蜜、格子巢蜜、切块巢蜜）。

第六条　蜂产品不允许分装，蜂花粉除外。

第七条　本《细则》引用的标准、文件应当采用最新版本（包括修改单）。主要文件及标准见附件 1。

第二章　生产场所

第八条　企业应当具有与生产产品相适应的生产车间、原料及成品库房等生产场所。生产车间及辅助设施的设置应当按生产工艺、卫生控制要求有序合理布局，根据生产流程、操作需要和清洁度要求进行分离或分隔，避免交叉污染。生产车间划分为清洁作业区、准清洁作业区和一般作业区，不同作业区之间应当采取有效分隔。清洁作业区应当定期采用紫外线照射或臭氧等方式对加工环境消毒。蜂产品生产车间及作业区划分见表 A-2。

表 A-2　　　　　　　　蜂产品生产车间及作业区划分

类别名称	清洁作业区	准清洁作业区	一般作业区
蜂蜜	—	割蜜摇蜜区、投料区、融蜜区、过滤区、灌装间、内包装清洗消毒间等	周转桶清洗间、外包装间、原料库、包装材料库、成品库、烘房等
蜂王浆（含蜂王浆冻干品）	蜂王浆：过滤区、灌装区。蜂王浆冻干品：过滤间、冷冻干燥间、粉碎间、成型间、内包装间等	解冻区、内包装清洗消毒间等	外包装区、原料冷库、包装材料库、成品（冷）库等
蜂花粉	内包装间等	除杂间、粉碎间、破壁间、干燥区、杀菌区、内包装清洗消毒间等	外包装区、原料（冷）库、包装材料库、成品库等

类别名称	清洁作业区	准清洁作业区	一般作业区
蜂产品制品	内包装（灌装）间等	原料处理区、配料区、混合加工区、杀菌区、内包装清洗消毒间等	外包装间、原辅料库、包装材料库、成品库等

注：本表所列加工区域为常规分区，企业可根据实际生产情况优化调整

第九条 生产车间地面、墙壁应当易于清洗，保持清洁，设置有效的防尘、防蝇、防虫、防鼠设施。

第十条 原料、成品库房应当满足相应的温度、湿度等储存要求，避免阳光直射，保持干燥，并设置有效的防尘、防蝇、防虫、防鼠设施及产品防护措施。

以巢蜜为原料生产蜂蜜的，应当设立蜜脾储存库。

蜂王浆（含蜂王浆冻干品）原料及成品储存温度应当在-18℃以下（常温储存产品除外）。

未经干燥的原料蜂花粉应当冷藏或冷冻储存。

第三章 设备设施

第十一条 企业应当具有与生产产品品种、数量相适应的生产设备设施，性能和精度满足生产要求，便于操作、清洁、维护。蜂产品常规生产设备设施见表 A-3。

表 A-3 蜂产品常规生产设备设施

类别名称	常规生产设备设施
蜂蜜	周转桶、周转桶清洗消毒设施、原料罐、摇蜜设备、融蜜设备、过滤设备、成品罐、灌装设备、灯检设备、生产设备清洗消毒设施、内包装清洗消毒设施等
蜂王浆（含蜂王浆冻干品）	蜂王浆：解冻设施、过滤设备、灌装设备、温度控制设施、生产设备清洗消毒设施、内包装清洗消毒设施等。 蜂王浆冻干品：解冻设施、过滤设备、真空冷冻干燥设备、粉碎设备、成型设备、空气净化设施、温湿度控制设施、包装设备、生产设备清洗消毒设施、内包装清洗消毒设施等

续　表

类别名称	常规生产设备设施
蜂花粉	筛选设备、干燥设备、杀菌设备、粉碎破壁设施、包装设备、内包装清洗消毒设施等
蜂产品制品	应具备满足产品生产工艺的相关设备，如原料罐、配料设备、混合设备、成型设备、包装设备、生产设备清洗消毒设施等

注：本表所列设备设施为企业常规设备设施，可根据实际生产情况优化调整

第十二条　盛装原料蜂蜜的周转桶，应当符合食品安全要求，可使用蜂蜜包装钢桶、塑料桶，不得使用镀锌铁桶。

第十三条　企业应当具备对生产设备、管道、周转桶等清洗消毒设施，及时进行清洗消毒，防止对产品造成污染。

使用蜂蜜包装钢桶的，还应当定期检查内部涂层的完整性。

第十四条　清洁作业区、准清洁作业区入口处应当设置更衣室，配备洗手、干手、消毒设施，按需设置换鞋（穿戴鞋套）或工作鞋靴消毒设施。

第十五条　生产蜂王浆冻干品的清洁作业区空气洁净度静态时应当达到《食品工业洁净用房建筑技术规范》（GB 50687）中的 2 级要求，生产状态下企业每月至少对清洁作业区沉降菌按照标准要求监测 1 次。

蜂花粉粉碎破壁车间应当根据粉碎破壁方式设置适宜的通风、除尘设施，保持空气洁净，有效去除和隔离飞溅的花粉粉末。

第十六条　生产蜂王浆（含蜂王浆冻干品）的车间应当配备温度控制设施，加工过程环境温度不得高于 25℃；生产蜂王浆冻干品的车间应当配备湿度控制设施，冷冻干燥后的加工环境相对湿度不得高于 65%。

第十七条　产品自行检验的，企业应当按照产品执行标准及检验管理制度中规定的检验项目配备满足原料、半成品、成品检验所需的检验设备设施，并确保检验设备的性能、精度满足检验要求。蜂产品常用检验设备见表 A-4。

表 A-4　　　　　　　　　　蜂产品常用检验设备

类别名称	常用检验设备
蜂蜜	天平、恒温培养箱、高压灭菌锅、无菌室或洁净工作台
蜂王浆（含蜂王浆冻干品）	天平、分析天平（0.1mg）、真空干燥箱、高效液相色谱仪（紫外检测器）

类别名称	常用检验设备
蜂花粉	天平、分析天平（0.1mg）、真空干燥箱、恒温培养箱、高压灭菌锅、无菌室或洁净工作台
蜂产品制品	根据产品检验项目，配备相应的检验设备

第四章 设备布局和工艺流程

第十八条 应当具备合理的生产设备布局和工艺流程，避免交叉污染。

第十九条 应当根据产品特性、质量要求、风险控制等因素确定关键控制环节。蜂产品生产常规工艺流程与关键控制环节见表 A-5。

表 A-5　　　　　蜂产品生产常规工艺流程与关键控制环节

类别名称	常规工艺流程	关键控制环节
蜂蜜	用桶装原料蜂蜜生产蜂蜜：原料验收—融蜜—过滤—灌装 用巢蜜原料生产蜂蜜：原料验收—割蜜—摇蜜—过滤—灌装	1. 原料的质量安全控制； 2. 融蜜过程中温度控制； 3. 灌装设备的清洗消毒
蜂王浆（含蜂王浆冻干品）	蜂王浆：原料验收—解冻—过滤—灌装 蜂王浆冻干品：原料验收—解冻—过滤—真空冷冻干燥—粉碎—成型—包装	1. 原料的质量安全控制； 2. 解冻过程中温度、时间控制； 3. 真空冷冻干燥过程中真空度、温度控制； 4. 灌装（包装）过程中卫生控制； 5. 蜂王浆储存过程中温度控制
蜂花粉	原料验收—筛选—干燥—破壁—灭菌—包装	1. 原料的质量安全控制； 2. 干燥过程中温度控制； 3. 灭菌方式及相关参数控制； 4. 包装过程中卫生控制
蜂产品制品	原料验收—预处理—配料—混合—灭菌—灌装（包装）等	1. 原料的质量安全控制； 2. 配料过程中投料控制； 3. 灌装（包装）过程中卫生控制

注：表中所列工艺流程为企业常规工艺流程，可根据实际生产情况优化调整

第二十条　蜂蜜生产过程中融蜜温度不得高于60℃。有需要进行脱水的，应当采取适宜的方式，脱水温度不得高于65℃。

第二十一条　蜂王浆（含蜂王浆冻干品）应当在包装密闭状态下解冻，解冻温度不得高于25℃，解冻时间不应超过72小时；生产过程中环境温度不得高于25℃；解冻完毕至包装或灌装完成不得超过12小时（不含真空冷冻干燥环节）。盛装蜂王浆的容器需要清洗消毒的，应当清洗后用75%食用酒精等进行消毒。

第二十二条　蜂花粉生产过程中应当采用适宜的干燥方式，干燥温度不得高于45℃。采用辐照方式灭菌的蜂花粉生产企业应当取得相应资质或委托具有资质的机构代为辐照。辐照过程应当符合国家相关法律法规和标准要求。

第五章　人员管理

第二十三条　应当配备食品安全管理人员、食品安全专业技术人员和检验人员。

食品安全管理人员应当掌握食品安全法律法规、蜂产品相关标准及生产加工专业知识，具备食品安全管理能力。

食品安全专业技术人员应当掌握蜂产品生产工艺操作规程，熟练操作生产设备设施。

检验人员应当具有食品化学或相关专业知识，经专业培训合格。检验人员数量应当满足企业检验需求。

第二十四条　从事接触直接入口食品工作的人员应当每年进行健康检查，取得健康证明后方可上岗工作。患有国务院卫生行政部门规定的有碍食品安全疾病的人员，不得从事接触直接入口食品的工作。

第二十五条　企业应当建立培训与考核制度，制订培训计划，培训的内容应当与岗位相适应。食品安全管理、专业技术、检验等与质量安全相关岗位的人员应当定期培训和考核，不具备能力的不得上岗。

第六章　管理制度

第二十六条　建立原料采购管理制度，保证采购的原料应当符合国家法律法规和食品安全标准要求。

原料蜂蜜、蜂王浆（含蜂王浆冻干品）、蜂花粉供应商应当相对固定，并签订质量协议，在协议中明确双方所承担的质量责任及供应商采收后的存储、初加工及产品防护要求。企业应当加强蜜源管理，鼓励企业自建蜜源基地，或者与蜜源基地签订稳定的采购协议。

第二十七条 建立原料供应商审核制度，定期对主要原料供应商进行评价、考核，确定合格供应商名单。对原料蜂蜜供应商的审核至少应当包括：供应商的资质，原料蜂蜜来源、品种、价格，原料蜂蜜质量安全状况等。

第二十八条 建立食品原料、食品相关产品验收规范及进货查验记录制度，根据原料特性、风险因素等确定验收项目和要求。

原料蜂蜜的验收应当加强对氯霉素、喹诺酮类、甲硝唑等硝基咪唑类兽药残留的监测，不得采购含有淀粉糖、糖浆、食糖的原料蜂蜜。

第二十九条 建立蜂产品生产过程控制制度，按照生产工艺流程对原料验收、生产过程、储存运输等全过程质量安全进行控制。

第三十条 蜂蜜生产过程控制应当在投料环节对原料蜂蜜品种进行核对，避免品种混淆；在储存环节对原料蜂蜜、半成品蜂蜜存储时间建立管理控制措施。

企业应当确定原料蜂蜜、半成品蜂蜜的储存期限。不得使用回收的蜂蜜再次生产蜂产品。

以巢蜜为原料生产蜂蜜的，应当制定蜜脾运输、储存等环节产品防护要求。

第三十一条 蜂产品制品生产过程中应当制定产品配方，明确蜂蜜、蜂王浆（含蜂王浆冻干品）、蜂花粉或其混合物的投料比例，严格按照配方投料，并真实记录各种原料的添加量。

第三十二条 建立生产设备管理制度，制定设备、容器具的清洗消毒管理要求，定期维护保养做好记录，出现故障应当及时排除。

第三十三条 建立产品出厂检验管理制度，综合考虑产品特性、工艺特点、原料控制等因素，明确出厂检验项目、批次、频次和检验要求。当执行的标准列出出厂检验项目及要求的，应当按标准规定执行。

当执行标准未列出出厂检验项目及要求的，企业应当确定出厂检验项目及要求。蜂蜜、蜂王浆（含蜂王浆冻干品）、蜂花粉、蜂产品制品相关标准列出的检验项目和方法见附件 2—附件 5。

第三十四条 企业产品出厂检验可自行检验，也可委托具有检验资质的第三方检测机构进行检验。企业自行检验的，应当具备相应的检验能力，每年至少进行 1 次全项目检验能力验证。

第三十五条　企业可使用快速检测方法进行出厂检验，但应当定期与国家标准规定的检验方法进行比对或者验证。当快速检验方法检验结果显示异常时，应当使用国家标准规定的检验方法进行验证。

第三十六条　建立产品留样制度，产品留样间应当满足产品储存条件要求，留样数量应当满足复检要求，产品留样应当保存至保质期满并有记录。

第三十七条　建立产品追溯制度，如实记录原料验收、生产加工、产品检验、出厂销售等全过程信息，实现产品有效追溯。

企业应当合理设定产品批次，建立批生产记录。蜂产品制品批生产记录应当如实记录投料的原料名称、投料数量、产品批号、投料日期等信息。

记录内容应当完整、真实、准确，记录保存时限不得少于产品保质期满后 6 个月。

第三十八条　建立食品标签审核制度，产品标签应当符合法律法规及食品安全标准等规定，反映产品真实属性。蜂产品的产品标签应当符合以下要求：

（一）蜂蜜产品名称可根据蜜源植物命名，不得虚假标注；

（二）蜂产品制品应当在产品标签主展示面上醒目标示反映真实属性的专用名称"蜂产品制品"，字号不得小于同一展示面板其他文字，不得使用"蜂蜜""××蜜""蜂蜜膏""蜂蜜宝"等名称；

（三）蜂产品制品标签上的配料表应当如实标明蜂蜜、蜂王浆（含蜂王浆冻干品）、蜂花粉或其混合物的添加量或在成品中的含量。

第三十九条　建立产品召回制度，制定召回管理规定，对召回的食品采取补救、无害化处理、销毁等措施，记录召回和处理情况，并向当地监管部门报告。

第七章　试制产品检验报告

第四十条　企业应当按申请类别及执行标准提供试制产品全项目检验合格报告，企业应当对检验报告真实性负责。

第八章　附则

第四十一条　本《细则》由国家市场监督管理总局负责解释。

第四十二条 本《细则》自公布之日起施行，原《蜂产品生产许可证审查细则（2006 版）2601—1》《蜂花粉及蜂产品制品生产许可证审查细则（2006 版）2601—2》同时废止。

第四十三条 本《细则》发布前，已获得蜂产品生产许可，但不符合本《细则》有关要求的，应当在 2022 年 12 月 31 日之前完成整改，并申请获得蜂产品生产许可后，方可进行生产。

附件：1. 引用的文件与标准
      2. 蜂蜜的检验项目与方法
      3. 蜂王浆（含蜂王浆冻干品）的检验项目与方法
      4. 蜂花粉的检验项目与方法
      5. 蜂产品制品的检验项目与方法

附件 1

引用的文件与标准

序号	编号	名称
1	GB 14963	食品安全国家标准 蜂蜜
2	GH/T 18796	蜂蜜
3	GB 9697	蜂王浆
4	GB/T 21532	蜂王浆冻干粉
5	GB 31636	食品安全国家标准 花粉
6	GB/T 30359	蜂花粉
7	GB/T 325.1	包装容器 钢桶 第 1 部分：通用技术要求
8	GH/T 1015	蜂蜜包装钢桶
9	GB 4806.4	食品安全国家标准 陶瓷制品
10	GB 4806.5	食品安全国家标准 玻璃制品
11	GB 4806.7	食品安全国家标准 食品接触用塑料材料及制品
12	GB 4806.9	食品安全国家标准 食品接触用金属材料及制品
13	GB 9683	复合食品包装袋卫生标准
14	GB/T 191	包装储运图示标志
15	GB 5749	生活饮用水卫生标准

序号	编号	名称
16	GB 2760	食品安全国家标准 食品添加剂使用标准
17	GB 14880	食品安全国家标准 食品营养强化剂使用标准
18	GB 2762	食品安全国家标准 食品中污染物限量
19	GB 14881	食品安全国家标准 食品生产通用卫生规范
20	GB 7718	食品安全国家标准 预包装食品标签通则
21	GB 28050	食品安全国家标准 预包装食品营养标签通则
22	原国家质检总局令第 75 号	定量包装商品计量监督管理办法

附件 2

蜂蜜的检验项目与方法

序号	检验项目	标准号	标准名称	检验方法
1	感官	GB 14963 GH/T 18796	食品安全国家标准 蜂蜜 蜂蜜	GB 14963
				GH/T 18796
2	果糖和葡萄糖			GB 5009.8
3	蔗糖			
4	锌	GB 14963	食品安全国家标准 蜂蜜	GB 5009.14
5	菌落总数			GB 4789.2
6	大肠菌群			GB 4789.3
7	霉菌计数			GB 4789.15
8	嗜渗酵母计数			GB 14963
9	水分	GH/T 18796	蜂蜜	SN/T 0852
10	酸度			
11	羟甲基糠醛			GB/T 18932.18
12	淀粉酶活性			GB/T 18932.16
13	灰分			GB 5009.4
14	碳-4 植物糖			GB/T 18932.1
15	铅	GB 2762	食品安全国家标准 食品中污染物限量	GB 5009.12

续 表

序号	检验项目	标准号	标准名称	检验方法
16	标签	GB 7718	食品安全国家标准 预包装食品标签通则	GB 7718
17	营养标签	GB 28050	食品安全国家标准 预包装食品营养 标签通则	GB 28050
18	净含量	国家质检总局令 第 75 号	定量包装商品计量 监督管理办法	JJF 1070
19	兽药残留、农药 残留等指标	按照相关规定执行	—	按照对应方法 标准执行

注：本表按照蜂蜜相关标准汇总，供参考。

附件 3

蜂王浆（含蜂王浆冻干品）的检验项目与方法

序号	检验项目	标准号	标准名称	检验方法
1	感官	GB 9697 GB/T 21532	蜂王浆 蜂王浆冻干粉	GB 9697 / GB/T 21532
2	水分			GB 9697
3	10-羟基-2-癸烯酸			
4	蛋白质			
5	总糖			
6	灰分			
7	酸度			
8	淀粉			
9	标签	GB 7718	食品安全国家标准 预包装食品标签通则	GB 7718
10	净含量	国家质检总局令 第 75 号	定量包装商品计量 监督管理办法	JJF 1070

注：本表按照蜂王浆（含蜂王浆冻干品）相关标准汇总，供参考。

附件 4

蜂花粉的检验项目与方法

序号	检验项目	标准号	标准名称	检验方法	备注
1	感官	GB 31636 GB/T 30359	食品安全国家标准 花粉 蜂花粉	GB 31636	—
				GB/T 30359	
2	水分			GB 5009.3 减压干燥法	
3	灰分			GB 5009.4	
4	蛋白质			GB 5009.5 凯氏定氮法	
5	单一品种蜂花粉的花粉率			GB 31636	仅对单一品种蜂花粉有要求
				GB/T 30359	
6	酸度			GB 31636	—
				GB/T 30359	
7	菌落总数	GB 31636	食品安全国家标准 花粉	GB 4789.2	
8	大肠菌群			GB 4789.3	
9	霉菌			GB 4789.15	
10	碎蜂花粉率	GB/T 30359	蜂花粉	GB/T 30359	对碎蜂花粉不作要求
11	脂肪			GB 5009.6 第二法	
12	总糖			GB/T 30359	
13	黄酮类化合物				
14	过氧化值				
15	铅	GB 2762	食品安全国家标准 食品中污染物限量	GB 5009.12	—
16	标签	GB 7718	食品安全国家标准 预包装食品标签通则	GB 7718	
17	净含量	国家质检总局令第 75 号	定量包装商品计量监督管理办法	JJF 1070	

注：本表按照蜂花粉相关标准汇总，供参考。

附件 5

蜂产品制品的检验项目与方法

序号	检验项目	标准号	标准名称	检验方法	备注
1	感官	产品明示标准	产品明示标准	产品明示标准	—
2	水分			产品明示标准	
3	果糖和葡萄糖			GB 5009.8	以蜂蜜为主要原料的产品
4	10-羟基-2-癸烯酸			GB 9697	以蜂王浆为主要原料的产品
5	蛋白质			GB 5009.5 凯氏定氮法	以蜂王浆、蜂花粉为主要原料的产品
6	菌落总数			GB 4789.2	
7	大肠菌群			GB 4789.3	—
8	霉菌计数			GB 4789.15	
9	标签	GB 7718	食品安全国家标准 预包装食品标签通则	GB 7718	
10	营养标签	GB 28050	食品安全国家标准 预包装食品营养标签通则	GB 28050	对每日食用量 ≤10g 或 10mL 的产品不作要求
11	净含量	国家质检总局令第 75 号	定量包装商品计量监督管理办法	JJF 1070	—
12	食品添加剂、污染物等指标	按照相关规定	—	按照对应标准	—

注：本表按照蜂产品制品相关标准汇总，供参考。

附录 B

中共中央 国务院关于做好二〇二二年
全面推进乡村振兴重点工作的意见

（2022 年 1 月 4 日）

当前，全球新冠肺炎疫情仍在蔓延，世界经济复苏脆弱，气候变化挑战突出，我国经济社会发展各项任务极为繁重艰巨。党中央认为，从容应对百年变局和世纪疫情，推动经济社会平稳健康发展，必须着眼国家重大战略需要，稳住农业基本盘、做好"三农"工作，接续全面推进乡村振兴，确保农业稳产增产、农民稳步增收、农村稳定安宁。

做好 2022 年"三农"工作，要以习近平新时代中国特色社会主义思想为指导，全面贯彻党的十九大和十九届历次全会精神，深入贯彻中央经济工作会议精神，坚持稳中求进工作总基调，立足新发展阶段、贯彻新发展理念、构建新发展格局、推动高质量发展，促进共同富裕，坚持和加强党对"三农"工作的全面领导，牢牢守住保障国家粮食安全和不发生规模性返贫两条底线，突出年度性任务、针对性举措、实效性导向，充分发挥农村基层党组织领导作用，扎实有序做好乡村发展、乡村建设、乡村治理重点工作，推动乡村振兴取得新进展、农业农村现代化迈出新步伐。

一、全力抓好粮食生产和重要农产品供给

（一）稳定全年粮食播种面积和产量。坚持中国人的饭碗任何时候都要牢牢端在自己手中，饭碗主要装中国粮，全面落实粮食安全党政同责，严格粮食安全责任制考核，确保粮食播种面积稳定、产量保持在 1.3 万亿斤以上。主产区、主销区、产销平衡区都要保面积、保产量，不断提高主产区粮食综合生产能力，切实稳定和提高主销区粮食自给率，确保产销平衡区粮食基本自给。推进国家粮食安全产业带建设。大力开展绿色高质高效行动，深入实施优质粮食工程，提升粮食单产和品质。推进黄河流域农业深度节水控水，通过提升用水效率、发展旱作农业，稳定粮食播种面积。积极应对小麦晚播等不利影响，加强冬春田间管理，促进弱苗转壮。

（二）大力实施大豆和油料产能提升工程。加大耕地轮作补贴和产油大县奖励力度，集中支持适宜区域、重点品种、经营服务主体，在黄淮海、西北、西南地区推广玉米大豆带状复合种植，在东北地区开展粮豆轮作，在黑龙江省部分地下水超采区、寒地井灌稻区推进水改旱、稻改豆试点，在长江流域开发冬闲田扩种油菜。开展盐碱地种植大豆示范。支持扩大油茶种植面积，改造提升低产林。

（三）保障"菜篮子"产品供给。加大力度落实"菜篮子"市长负责制。稳定生猪生产长效性支持政策，稳定基础产能，防止生产大起大落。加快扩大牛羊肉和奶业生产，推进草原畜牧业转型升级试点示范。稳定水产养殖面积，提升渔业发展质量。稳定大中城市常年菜地保有量，大力推进北方设施蔬菜、南菜北运基地建设，提高蔬菜应急保供能力。完善棉花目标价格政策。探索开展糖料蔗完全成本保险和种植收入保险。开展天然橡胶老旧胶园更新改造试点。

（四）合理保障农民种粮收益。按照让农民种粮有利可图、让主产区抓粮有积极性的目标要求，健全农民种粮收益保障机制。2022 年适当提高稻谷、小麦最低收购价，稳定玉米、大豆生产者补贴和稻谷补贴政策，实现三大粮食作物完全成本保险和种植收入保险主产省产粮大县全覆盖。加大产粮大县奖励力度，创新粮食产销区合作机制。支持家庭农场、农民合作社、农业产业化龙头企业多种粮、种好粮。聚焦关键薄弱环节和小农户，加快发展农业社会化服务，支持农业服务公司、农民合作社、农村集体经济组织、基层供销合作社等各类主体大力发展单环节、多环节、全程生产托管服务，开展订单农业、加工物流、产品营销等，提高种粮综合效益。

（五）统筹做好重要农产品调控。健全农产品全产业链监测预警体系，推动建立统一的农产品供需信息发布制度，分类分品种加强调控和应急保障。深化粮食购销领域监管体制机制改革，开展专项整治，依法从严惩治系统性腐败。加强智能粮库建设，促进人防技防相结合，强化粮食库存动态监管。严格控制以玉米为原料的燃料乙醇加工。做好化肥等农资生产储备调运，促进保供稳价。坚持节约优先，落实粮食节约行动方案，深入推进产运储加消全链条节粮减损，强化粮食安全教育，反对食物浪费。

二、强化现代农业基础支撑

（六）落实"长牙齿"的耕地保护硬措施。实行耕地保护党政同责，严守 18 亿亩耕地红线。按照耕地和永久基本农田、生态保护红线、城镇开发边界的顺序，统筹划定落实三条控制线，把耕地保有量和永久基本农田保护目标任务足额带位置逐级分解下达，由中央和地方签订耕地保护目标责任书，作为刚性指标实行严格考核、一票否决、终身追责。分类明确耕地用途，严格落实耕地利用优先序，耕地主要用于粮食和棉、油、糖、蔬菜等农产品及饲草饲料生产，永久基本农田重点用于粮食生产，高标准农田原则上全部用于粮食生产。引导新发展林果业上山上坡，鼓励利用"四荒"资源，不与粮争地。落实和完善耕地占补平衡政策，建立补充耕地立项、实施、验收、管护全程监管机制，确保补充可长期稳定利用的耕地，实现补充耕地产能与所占耕地相当。改进跨省域补充耕地国家统筹管理办法。加大耕地执法监督力度，严厉查处违法违规占用耕地从事非农建设。强化耕地用途管制，严格管控耕地转为其他农用地。巩固提升受污染耕地安全利用水平。稳妥有序开展农村乱占耕地建房专项整治试点。巩固"大棚房"问题专项清理整治成果。落实工商资本流转农村土地审查审核和风险防范制度。

（七）全面完成高标准农田建设阶段性任务。多渠道增加投入，2022 年建设高标准农田 1 亿亩，累计建成高效节水灌溉面积 4 亿亩。统筹规划、同步实施高效节水灌溉与高标准农田建设。各地要加大中低产田改造力度，提升耕地地力等级。研究制定增加农田灌溉面积的规划。实施重点水源和重大引调水等水资源配置工程。加大大中型灌区续建配套与改造力度，在水土资源条件适宜地区规划新建一批现代化灌区，优先将大中型灌区建成高标准农田。深入推进国家黑土地保护工程。实施黑土地保护性耕作 8000 万亩。积极挖掘潜力增加耕地，支持将符合条件的盐碱地等后备资源适度有序开发为耕地。研究制定盐碱地综合利用规划和实施方案。分类改造盐碱地，推动由主要治理盐碱地适应作物向更多选育耐盐碱植物适应盐碱地转变。支持盐碱地、干旱半干旱地区国家农业高新技术产业示范区建设。启动第三次全国土壤普查。

（八）大力推进种源等农业关键核心技术攻关。全面实施种业振兴行动方案。加快推进农业种质资源普查收集,强化精准鉴定评价。推进种业领域国家重大创新平台建设。启动农业生物育种重大项目。加快实施农业关键核心技术攻关工程,实行"揭榜挂帅""部省联动"等制度,开展长周期研发项目试点。强化现代农业产业技术体系建设。开展重大品种研发与推广后补助试点。贯彻落实种子法,实行实质性派生品种制度,强化种业知识产权保护,依法严厉打击套牌侵权等违法犯罪行为。

(九)提升农机装备研发应用水平。全面梳理短板弱项,加强农机装备工程化协同攻关,加快大马力机械、丘陵山区和设施园艺小型机械、高端智能机械研发制造并纳入国家重点研发计划予以长期稳定支持。实施农机购置与应用补贴政策,优化补贴兑付方式。完善农机性能评价机制,推进补贴机具有进有出、优机优补,重点支持粮食烘干、履带式作业、玉米大豆带状复合种植、油菜籽收获等农机,推广大型复合智能农机。推动新生产农机排放标准升级。开展农机研发制造推广应用一体化试点。

(十)加快发展设施农业。因地制宜发展塑料大棚、日光温室、连栋温室等设施。集中建设育苗工厂化设施。鼓励发展工厂化集约养殖、立体生态养殖等新型养殖设施。推动水肥一体化、饲喂自动化、环境控制智能化等设施装备技术研发应用。在保护生态环境基础上,探索利用可开发的空闲地、废弃地发展设施农业。

(十一)有效防范应对农业重大灾害。加大农业防灾减灾救灾能力建设和投入力度。修复水毁灾损农业、水利基础设施,加强沟渠疏浚以及水库、泵站建设和管护。加强防汛抗旱应急物资储备。强化农业农村、水利、气象灾害监测预警体系建设,增强极端天气应对能力。加强基层动植物疫病防控体系建设,落实属地责任,配齐配强专业人员,实行定责定岗定人,确保非洲猪瘟、草地贪夜蛾等动植物重大疫病防控责有人负、活有人干、事有人管。做好人兽共患病源头防控。加强外来入侵物种防控管理,做好普查监测、入境检疫、国内防控,对已传入并造成严重危害的,要"一种一策"精准治理、有效灭除。加强中长期气候变化对农业影响研究。

三、坚决守住不发生规模性返贫底线

(十二)完善监测帮扶机制。精准确定监测对象,将有返贫致贫风险和突发严重困难的农户纳入监测范围,简化工作流程,缩短认定时间。针对发现的因灾因病因疫等苗头性问题,及时落实社会救助、医疗保障等帮扶措施。

强化监测帮扶责任落实，确保工作不留空档、政策不留空白。继续开展巩固脱贫成果后评估工作。

（十三）促进脱贫人口持续增收。推动脱贫地区更多依靠发展来巩固拓展脱贫攻坚成果，让脱贫群众生活更上一层楼。巩固提升脱贫地区特色产业，完善联农带农机制，提高脱贫人口家庭经营性收入。逐步提高中央财政衔接推进乡村振兴补助资金用于产业发展的比重，重点支持帮扶产业补上技术、设施、营销等短板，强化龙头带动作用，促进产业提档升级。巩固光伏扶贫工程成效，在有条件的脱贫地区发展光伏产业。压实就业帮扶责任，确保脱贫劳动力就业规模稳定。深化东西部劳务协作，做好省内转移就业工作。延续支持帮扶车间发展优惠政策。发挥以工代赈作用，具备条件的可提高劳务报酬发放比例。统筹用好乡村公益岗位，实行动态管理。逐步调整优化生态护林员政策。

（十四）加大对乡村振兴重点帮扶县和易地搬迁集中安置区支持力度。在乡村振兴重点帮扶县实施一批补短板促发展项目。编制国家乡村振兴重点帮扶县巩固拓展脱贫攻坚成果同乡村振兴有效衔接实施方案。做好国家乡村振兴重点帮扶县科技特派团选派，实行产业技术顾问制度，有计划开展教育、医疗干部人才组团式帮扶。建立健全国家乡村振兴重点帮扶县发展监测评价机制。加大对国家乡村振兴重点帮扶县信贷资金投入和保险保障力度。完善易地搬迁集中安置区配套设施和公共服务，持续加大安置区产业培育力度，开展搬迁群众就业帮扶专项行动。落实搬迁群众户籍管理、合法权益保障、社会融入等工作举措，提升安置社区治理水平。

（十五）推动脱贫地区帮扶政策落地见效。保持主要帮扶政策总体稳定，细化落实过渡期各项帮扶政策，开展政策效果评估。拓展东西部协作工作领域，深化区县、村企、学校、医院等结对帮扶。在东西部协作和对口支援框架下，继续开展城乡建设用地增减挂钩节余指标跨省域调剂。持续做好中央单位定点帮扶工作。扎实做好脱贫人口小额信贷工作。创建消费帮扶示范城市和产地示范区，发挥脱贫地区农副产品网络销售平台作用。

四、聚焦产业促进乡村发展

（十六）持续推进农村一二三产业融合发展。鼓励各地拓展农业多种功能、挖掘乡村多元价值，重点发展农产品加工、乡村休闲旅游、农村电商等产业。支持农业大县聚焦农产品加工业，引导企业到产地发展粮油加工、食品制造。推进现代农业产业园和农业产业强镇建设，培育优势特色产业集群，继续支持创建一批国家农村产业融合发展示范园。实施乡村休闲旅游提升计划。支持农民直接经营或参与经营的乡村民宿、农家乐特色村（点）发展。将符合要求的乡村休闲旅游项目纳入科普基地和中小学学农劳动实践基地范围。实施"数商兴农"工程，推进电子商务进乡村。促进农副产品直播带货规范健康发展。开展农业品种培优、品质提升、品牌打造和标准化生产提升行动，推进食用农产品承诺达标合格证制度，完善全产业链质量安全追溯体系。加快落实保障和规范农村一二三产业融合发展用地政策。

（十七）大力发展县域富民产业。支持大中城市疏解产业向县域延伸，引导产业有序梯度转移。大力发展县域范围内比较优势明显、带动农业农村能力强、就业容量大的产业，推动形成"一县一业"发展格局。加强县域基层创新，强化产业链与创新链融合。加快完善县城产业服务功能，促进产业向园区集中、龙头企业做强做大。引导具备条件的中心镇发展专业化中小微企业集聚区，推动重点村发展乡村作坊、家庭工场。

（十八）加强县域商业体系建设。实施县域商业建设行动，促进农村消费扩容提质升级。加快农村物流快递网点布局，实施"快递进村"工程，鼓励发展"多站合一"的乡镇客货邮综合服务站、"一点多能"的村级寄递物流综合服务点，推进县乡村物流共同配送，促进农村客货邮融合发展。支持大型流通企业以县城和中心镇为重点下沉供应链。加快实施"互联网+"农产品出村进城工程，推动建立长期稳定的产销对接关系。推动冷链物流服务网络向农村延伸，整县推进农产品产地仓储保鲜冷链物流设施建设，促进合作联营、成网配套。支持供销合作社开展县域流通服务网络建设提升行动，建设县域集采集配中心。

（十九）促进农民就地就近就业创业。落实各类农民工稳岗就业政策。发挥大中城市就业带动作用。实施县域农民工市民化质量提升行动。鼓励发展共享用工、多渠道灵活就业，规范发展新就业形态，培育发展家政服务、物流配送、养老托育等生活性服务业。推进返乡入乡创业园建设，落实各项扶持政策。大力开展适合农民工就业的技能培训和新职业新业态培训。合理引导灵活就业农民工按规定参加职工基本医疗保险和城镇职工基本养老保险。

（二十）推进农业农村绿色发展。加强农业面源污染综合治理，深入推进农业投入品减量化，加强畜禽粪污资源化利用，推进农膜科学使用回收，支持秸秆综合利用。建设国家农业绿色发展先行区。开展农业绿色发展情况评价。开展水系连通及水美乡村建设。实施生态保护修复重大工程，复苏河湖生态环境，加强天然林保护修复、草原休养生息。科学推进国土绿化。支持牧区发展和牧民增收，落实第三轮草原生态保护补助奖励政策。研发应用减碳增汇型农业技术，探索建立碳汇产品价值实现机制。实施生物多样性保护重大工程。巩固长江禁渔成果，强化退捕渔民安置保障，加强常态化执法监管。强化水生生物养护，规范增殖放流。构建以国家公园为主体的自然保护地体系。出台推进乡村生态振兴的指导意见。

五、扎实稳妥推进乡村建设

（二十一）健全乡村建设实施机制。落实乡村振兴为农民而兴、乡村建设为农民而建的要求，坚持自下而上、村民自治、农民参与，启动乡村建设行动实施方案，因地制宜、有力有序推进。坚持数量服从质量、进度服从实效，求好不求快，把握乡村建设的时度效。立足村庄现有基础开展乡村建设，不盲目拆旧村、建新村，不超越发展阶段搞大融资、大开发、大建设，避免无效投入造成浪费，防范村级债务风险。统筹城镇和村庄布局，科学确定村庄分类，加快推进有条件有需求的村庄编制村庄规划，严格规范村庄撤并。开展传统村落集中连片保护利用示范，健全传统村落监测评估、警示退出、撤并事前审查等机制。保护特色民族村寨。实施"拯救老屋行动"。推动村庄小型建设项目简易审批，规范项目管理，提高资金绩效。总结推广村民自治组织、农村集体经济组织、农民群众参与乡村建设项目的有效做法。明晰乡村建设项目产权，以县域为单位组织编制村庄公共基础设施管护责任清单。

（二十二）接续实施农村人居环境整治提升五年行动。从农民实际需求出发推进农村改厕，具备条件的地方可推广水冲卫生厕所，统筹做好供水保障和污水处理；不具备条件的可建设卫生旱厕。巩固户厕问题摸排整改成果。分区分类推进农村生活污水治理，优先治理人口集中村庄，不适宜集中处理的推进小型化生态化治理和污水资源化利用。加快推进农村黑臭水体治理。推进生活垃圾源头分类减量，加强村庄有机废弃物综合处置利用设施建设，推进就地利用处理。深入实施村庄清洁行动和绿化美化行动。

（二十三）扎实开展重点领域农村基础设施建设。有序推进乡镇通三级及以上等级公路、较大人口规模自然村（组）通硬化路，实施农村公路安全生命防护工程和危桥改造。扎实开展农村公路管理养护体制改革试点。稳步推进农村公路路况自动化检测。推进农村供水工程建设改造，配套完善净化消毒设施设备。深入实施农村电网巩固提升工程。推进农村光伏、生物质能等清洁能源建设。实施农房质量安全提升工程，继续实施农村危房改造和抗震改造，完善农村房屋建设标准规范。加强对用作经营的农村自建房安全隐患整治。

（二十四）大力推进数字乡村建设。推进智慧农业发展，促进信息技术与农机农艺融合应用。加强农民数字素养与技能培训。以数字技术赋能乡村公共服务，推动"互联网+政务服务"向乡村延伸覆盖。着眼解决实际问题，拓展农业农村大数据应用场景。加快推动数字乡村标准化建设，研究制定发展评价指标体系，持续开展数字乡村试点。加强农村信息基础设施建设。

（二十五）加强基本公共服务县域统筹。加快推进以县城为重要载体的城镇化建设。加强普惠性、基础性、兜底性民生建设，推动基本公共服务供给由注重机构行政区域覆盖向注重常住人口服务覆盖转变。实施新一轮学前教育行动计划，多渠道加快农村普惠性学前教育资源建设，办好特殊教育。扎实推进城乡学校共同体建设。深入推进紧密型县域医疗卫生共同体建设，实施医保按总额付费，加强监督考核，实现结余留用、合理超支分担。推动农村基层定点医疗机构医保信息化建设，强化智能监控全覆盖，加强医疗保障基金监管。落实对特殊困难群体参加城乡居民基本医保的分类资助政策。有条件的地方可提供村卫生室运行经费补助，分类落实村医养老保障、医保等社会保障待遇。提升县级敬老院失能照护能力和乡镇敬老院集中供养水平，鼓励在有条件的村庄开展日间照料、老年食堂等服务。加强乡镇便民服务和社会工作服务，实施村级综合服务设施提升工程。健全分层分类的社会救助体系，切实保障困难农民群众基本生活。健全基层党员、干部关爱联系制度，经常探访空巢老人、留守儿童、残疾人。完善未成年人关爱保护工作网络。

六、突出实效改进乡村治理

（二十六）加强农村基层组织建设。强化县级党委抓乡促村职责，深化乡镇管理体制改革，健全乡镇党委统一指挥和统筹协调机制，加强乡镇、村集中换届后领导班子建设，全面开展农村基层干部乡村振兴主题培训。持续排查整顿软弱涣散村党组织。发挥驻村第一书记和工作队抓党建促乡村振兴作用。完善村级重要事项、重大问题经村党组织研究讨论机制，全面落实"四议两公开"制度。深入开展市县巡察，强化基层监督，加强基层纪检监察组织与村务监督委员会的沟通协作、有效衔接，强化对村干部的监督。健全党组织领导的自治、法治、德治相结合的乡村治理体系，推行网格化管理、数字化赋能、精细化服务。推进村委会规范化建设。深化乡村治理体系建设试点示范。开展村级议事协商创新实验。推广村级组织依法自治事项、依法协助政府工作事项等清单制，规范村级组织机构牌子和证明事项，推行村级基础信息统计"一张表"制度，减轻村级组织负担。

（二十七）创新农村精神文明建设有效平台载体。依托新时代文明实践中心、县级融媒体中心等平台开展对象化分众化宣传教育，弘扬和践行社会主义核心价值观。在乡村创新开展"听党话、感党恩、跟党走"宣传教育活动。探索统筹推动城乡精神文明融合发展的具体方式，完善全国文明村镇测评体系。启动实施文化产业赋能乡村振兴计划。整合文化惠民活动资源，支持农民自发组织开展村歌、"村晚"、广场舞、趣味运动会等体现农耕农趣农味的文化体育活动。办好中国农民丰收节。加强农耕文化传承保护，推进非物质文化遗产和重要农业文化遗产保护利用。推广积分制等治理方式，有效发挥村规民约、家庭家教家风作用，推进农村婚俗改革试点和殡葬习俗改革，开展高价彩礼、大操大办等移风易俗重点领域突出问题专项治理。

（二十八）切实维护农村社会平安稳定。推进更高水平的平安法治乡村建设。创建一批"枫桥式公安派出所""枫桥式人民法庭"。常态化开展扫黑除恶斗争，持续打击"村霸"。防范黑恶势力、家族宗族势力等对农村基层政权的侵蚀和影响。依法严厉打击农村黄赌毒和侵害农村妇女儿童人身权利的违法犯罪行为。加强农村法治宣传教育。加强基层社会心理服务和危机干预，构建一站式多元化矛盾纠纷化解机制。加强农村宗教工作力量。统筹推进应急管理与乡村治理资源整合，加快推进农村应急广播主动发布终端建设，指导做好人员紧急转移避险工作。开展农村交通、消防、安全生产、自然灾害、食品药品安全等领域风险隐患排查和专项治理，依法严厉打击农村制售假冒伪劣农资、非法集资、电信诈骗等违法犯罪行为。加强农业综合行政执法能力建设。落实基层医疗卫生机构疾病预防控制责任。健全农村新冠肺炎疫情常态化防控工作体系，严格落实联防联控、群防群控措施。

七、加大政策保障和体制机制创新力度

（二十九）扩大乡村振兴投入。继续把农业农村作为一般公共预算优先保障领域，中央预算内投资进一步向农业农村倾斜，压实地方政府投入责任。

加强考核监督，稳步提高土地出让收入用于农业农村的比例。支持地方政府发行政府债券用于符合条件的乡村振兴公益性项目。提高乡村振兴领域项目储备质量。强化预算绩效管理和监督。

（三十）强化乡村振兴金融服务。对机构法人在县域、业务在县域、资金主要用于乡村振兴的地方法人金融机构，加大支农支小再贷款、再贴现支持力度，实施更加优惠的存款准备金政策。支持各类金融机构探索农业农村基础设施中长期信贷模式。加快农村信用社改革，完善省（自治区）农村信用社联合社治理机制，稳妥化解风险。完善乡村振兴金融服务统计制度，开展金融机构服务乡村振兴考核评估。深入开展农村信用体系建设，发展农户信用贷款。加强农村金融知识普及教育和金融消费权益保护。积极发展农业保险和再保险。优化完善"保险+期货"模式。强化涉农信贷风险市场化分担和补偿，发挥好农业信贷担保作用。

（三十一）加强乡村振兴人才队伍建设。发现和培养使用农业领域战略科学家。启动"神农英才"计划，加快培养科技领军人才、青年科技人才和高水平创新团队。深入推行科技特派员制度。实施高素质农民培育计划、乡村产业振兴带头人培育"头雁"项目、乡村振兴青春建功行动、乡村振兴巾帼行动。落实艰苦边远地区基层事业单位公开招聘倾斜政策，对县以下基层专业技术人员开展职称评聘"定向评价、定向使用"工作，对中高级专业技术岗位实行总量控制、比例单列。完善耕读教育体系。优化学科专业结构，支持办好涉农高等学校和职业教育。培养乡村规划、设计、建设、管理专业人才和乡土人才。鼓励地方出台城市人才下乡服务乡村振兴的激励政策。

（三十二）抓好农村改革重点任务落实。开展第二轮土地承包到期后再延长 30 年整县试点。巩固提升农村集体产权制度改革成果，探索建立农村集体资产监督管理服务体系，探索新型农村集体经济发展路径。稳慎推进农村宅基地制度改革试点，规范开展房地一体宅基地确权登记。稳妥有序推进农村集体经营性建设用地入市。推动开展集体经营性建设用地使用权抵押融资。依法依规有序开展全域土地综合整治试点。深化集体林权制度改革。健全农垦国有农用地使用权管理制度。开展农村产权流转交易市场规范化建设试点。制定新阶段深化农村改革实施方案。

八、坚持和加强党对"三农"工作的全面领导

（三十三）压实全面推进乡村振兴责任。制定乡村振兴责任制实施办法，

明确中央和国家机关各部门推进乡村振兴责任，强化五级书记抓乡村振兴责任。开展省级党政领导班子和领导干部推进乡村振兴战略实绩考核。完善市县党政领导班子和领导干部推进乡村振兴战略实绩考核制度，鼓励地方对考核排名靠前的市县给予适当激励，对考核排名靠后、履职不力的进行约谈。落实各级党委和政府负责同志乡村振兴联系点制度。借鉴推广浙江"千万工程"经验，鼓励地方党委和政府开展现场观摩、交流学习等务实管用活动。开展《乡村振兴战略规划（2018—2022年）》实施总结评估。加强集中换届后各级党政领导干部特别是分管"三农"工作的领导干部培训。

（三十四）建强党的农村工作机构。各级党委农村工作领导小组要发挥"三农"工作牵头抓总、统筹协调等作用，一体承担巩固拓展脱贫攻坚成果、全面推进乡村振兴议事协调职责。推进各级党委农村工作领导小组议事协调规范化制度化建设，建立健全重点任务分工落实机制，协同推进乡村振兴。加强各级党委农村工作领导小组办公室建设，充实工作力量，完善运行机制，强化决策参谋、统筹协调、政策指导、推动落实、督导检查等职责。

（三十五）抓点带面推进乡村振兴全面展开。开展"百县千乡万村"乡村振兴示范创建，采取先创建后认定方式，分级创建一批乡村振兴示范县、示范乡镇、示范村。推进农业现代化示范区创建。广泛动员社会力量参与乡村振兴，深入推进"万企兴万村"行动。按规定建立乡村振兴表彰激励制度。

让我们紧密团结在以习近平同志为核心的党中央周围，真抓实干，埋头苦干，奋力开创全面推进乡村振兴新局面，以实际行动迎接党的二十大胜利召开！